相思湖学术论丛·管理论丛

基于控股股东特质的

我国上市公司并购绩效研究

李田香◎著

中国社会科学出版社

图书在版编目（CIP）数据

基于控股股东特质的我国上市公司并购绩效研究/李田香
著.—北京：中国社会科学出版社，2017.12
ISBN 978 - 7 - 5203 - 1376 - 6

Ⅰ.①基… Ⅱ.①李… Ⅲ.①上市公司—企业兼并—企业
绩效—研究 Ⅳ.①F276.6

中国版本图书馆 CIP 数据核字（2017）第 273455 号

出 版 人	赵剑英
责任编辑	王 曦
责任校对	孙洪波
责任印制	戴 宽

出 版	中国社会科学出版社
社 址	北京鼓楼西大街甲 158 号
邮 编	100720
网 址	http：//www.csspw.cn
发 行 部	010 - 84083685
门 市 部	010 - 84029450
经 销	新华书店及其他书店

印 刷	北京明恒达印务有限公司
装 订	廊坊市广阳区广增装订厂
版 次	2017 年 12 月第 1 版
印 次	2017 年 12 月第 1 次印刷

开 本	710×1000 1/16
印 张	14.25
插 页	2
字 数	201 千字
定 价	66.00 元

凡购买中国社会科学出版社图书，如有质量问题请与本社营销中心联系调换
电话：010 - 84083683

序

在此著即将出版之际，非常荣幸接到作者让我为其写序的邀请。该书之所以聚焦于中国资本市场的企业并购行为与并购绩效研究，是因为并购是资本市场的永恒话题，是资本市场重要的资本活动，因此此选题具有较强的现实意义。出版此书之前，作者在并购和公司治理领域发表过二十多篇相关科研论文，也参与了控股股东特质和企业财务行为相关专著的撰写。此次出版该专著，是对其研究领域的一个拓展和深入。

中国的资本市场相较于全球资本市场有其自身显著的特点。对这些特点的研究与探索，形成了一些具有中国特色的理论。在我国，企业所有者具有一定的特殊性。一般来讲，企业的所有者包括法人和自然人，但是在中国，法人还可以分为国有法人和非国有法人。在现实中，国有法人和非国有法人在进行公司决策时，其目标往往是不同的。国有法人在做决策时往往并不单纯地以盈利为目的，通常带有一定的行政目的，如国家安全、产业整合、社会稳定、扶持亏损企业、国有资产保值增值等，因而，在不同决策动机下产生的决策效果也会存在差异。因此，对不同所有者的经济财务行为进行分层对比研究，是符合中国资本市场的特殊国情的，也是非常有必要的。

早在1988年，郭复初教授就提出了社会主义财务体系，其主要包括国家财务、部门财务和企业财务，这在会计理论界是一个重大的创新，是对财务分层的最早研究。受此理论启发，我在论文《所有者财务：一个全新的领域》中提出了"所有者财务"理论，又在随后的系列论文和专著中形成了关于所有者财务的较为严密的理论体系，该理论认为，与经营者财务学一样，所有者财务包括筹资、投资和利润分配等体系。2011 年，在所有者财务的基础上，我又提出了控股股东特质理论，并计划将控股股东特质理论应用于财务管理的各个领域。本书将控股股东特质理论与并购理论相结合，拓展了控股股东特质理论的应用范围，以适用于中国资本市场。

本书基于控股股东特质，对上市公司的并购绩效进行了研究。一般来讲，并购绩效分为宏观并购绩效和微观并购绩效。宏观并购绩效主要体现在并购能重塑或完善产业格局，调整行业的竞争态势，进行资源的优化配置；而微观并购绩效主要是指并购后主并公司绩效和目标公司绩效的提高。

目前在我国，并购的主要作用主要体现在其具有较强的宏观绩效，而并购后企业的微观绩效是否有所改善，一直是经济学家和学者们研究的课题。通过对已有研究成果进行总结，发现并购对目标公司具有普遍的正收益，而对于主并方来说，并没有因为并购本身而获得超额收益。因此，提升并购后公司的绩效，尤其是主并公司的绩效，能有效促进资本市场的健康发展。

影响并购绩效的因素有很多，本书侧重于从中国上市公司股权结构的特性和控股股东特质的角度进行探究。从选题来看，其是中国资本市场上备受关注的并购话题，选题的角度符合中国资本市场的发展特点，具有显著的中国特色。

本书的主体结构大致分为五大部分。首先是理论阐述；其次是不同特质的控股股东并购行为的比较分析；再次是不同控股股东特质股东的并购绩效比较及其原因分析；复次是控股股东特质指数的设计与绩效检验；最后是为提升上市公司并购的微观绩效所提出的建议。具体来说，本书的主要内容是在控股股东特质理论的基础上，根据控股股东的不同性质，将控股股东分为国有控股股东与民营控股股东，并采用财务研究法、主成分分析法和事件研究法，对比研究不同性质的上市公司之间并购绩效的差异。通过二者并购行为能力的差异来解释绩效的差异（包括内部人控制程度差异、并购动机差异、并购模式差异、并购风险偏好差异），同时构建指数模型再度检验绩效的研究结果，最后提出相关的对策建议。

本书具有一定的创新性，主要体现在以下几个方面：

（1）本书的理论基础和研究视角比较新颖。本书以所有者财务理论和控股股东特质理论为基础，并将其与并购理论进行结合。本书利用了控股股东的性质概念，将研究的对象划分为两类，即国有上市公司和民营上市公司。在对此两类上市公司的并购绩效与原因进行对比分析时，一方面基于不同控股股东特质下的并购行为差异，对不同控股股东特质下的并购决策的自主性程度、内部人控制程度、并购动机、并购模式以及控股股东的并购风险偏好程度等方面进行对比研究；另一方面基于不同控股股东特质，通过构建指数模型对其进行对比验证。

（2）本书构建了符合我国资本市场特征的控股股东特质指数模型，拓展了控股股东特质理论。本书构建了控股股东对管理层控制力指数、整合风险指数和效率指数，进一步验证了本书的实证结果，同时模型的构建量化了控股股东特质理论，是对控股股东特质理论的进一步应用与拓展。

（3）本书提出了"控股股东决策自主性程度"概念。本书在对国有上市公司与民营上市公司并购绩效产生差异的原因进行分析时，提出了"控股股东决策自主性程度"概念，并对该概念进行了实证分析和验证。本书采用"第一大股东持股数与前十大股东总持股数的比值"来表示控股股东并购决策自主性程度的高低，并通过实证统计，将20%—30%这个比值区间命名为"控股股东决策自主性程度最有效区间"。

本书最难能可贵之处便是基于控股股东特质理论构建了控股股东对管理层控制力指数、整合风险指数和效率指数，对控股股东特质理论进行了量化研究，进一步深化了控股股东特质理论的研究。

本书的出版，可以为进一步规范我国资本市场，提高我国资本市场的效率，并为今后的并购活动提供一定的参考；可以为各级政府决策部门提供一定的决策参考；为经济与管理领域（尤其是企业管理、公司治理、投资与并购、财务管理等专业领域）的从业人员、学术研究者、各高校经济与管理专业的教师及学生提供研究与学习的参考；为研究者和实务操作者制定具体的对策建议提供参考。

　　本书作者是我指导的 2010 级博士生。在攻读博士学位期间，她妥善处理好了学业、家庭、工作之间的关系，勤奋、刻苦钻研学术，终有回报。在此书即将付梓出版之际，借此序，我表示衷心的祝贺。希望她在股东特质与企业并购领域继续深化研究，取得更多具有创新价值的成果。

　　是为序。

千胜道

2017 年 2 月 15 日

前　言

从 19 世纪末开始,以美国为代表的西方国家的企业并购活动就如火如荼地进行着。我国从"洋务运动"时期开始,企业也陆续进行了兼并和收购活动。改革开放后,企业的并购活动经历了几次高潮,并购成为最重要的资源整合手段之一。并购绩效分为宏观并购绩效和微观并购绩效,宏观并购绩效主要体现在并购能重塑或完善产业格局,调整行业的竞争态势,进行资源的优化配置;而微观并购绩效主要是指并购后主并公司绩效和目标公司绩效的提高。

并购后企业的微观绩效是否有所改善,一直是经济学家和学者们研究的课题。通过对已有研究成果进行总结,发现并购对目标公司具有普遍的正收益,而对于主并方来说,并没有因为并购本身而获得超额收益。因此,提升并购后公司的绩效,尤其是主并公司的绩效,能有效促进资本市场的健康发展。

影响并购绩效的因素有很多,本书侧重于从中国上市公司股权结构的特性和控股股东特质的角度进行探究,将所有者财务理论、控股股东特质理论与并购理论进行结合,对控股股东特质不同的上市公司的并购行为进行研究,并最终找出引起绩效差异的原因与对策,设计控股股东特质指数。

本书将通过对下列两个并购案例进行分析,提出本书的主要研究目的以及内容。

案例 1:武钢并购案

钢铁行业在国内以资本高度集中、产业关联度高、规模经济显著为特点而存在，该行业关系到国家的国计民生。我国的铁矿产区大部分集中在冀东、鞍山、攀枝花、五台山等地。到 21 世纪初，我国钢铁行业基本上呈现出这样的布局：一个龙头企业各领一方。如东北的鞍钢，华北的首钢、唐钢、邯钢，华东的宝钢等。武钢在当时是国内主要的优质板材生产基地之一，拥有一整套先进的钢铁生产工艺设备，在国内钢铁市场也占有重要地位。

由于钢铁行业存在着能源消耗、资源浪费等问题，2005 年初，国家发改委出台了《钢铁工业控制总量、淘汰落后、加快结构调整的通知》。按此文件精神，我国在 2006—2010 年，淘汰落后炼铁生产能力 1 亿吨、落后炼钢能力 5500 万吨，并倡议钢铁企业之间使用并购实现这一目标。为了实现这一目标，鼓励企业之间的并购，国家限制了任何钢铁企业产能扩展规划。在此政策背景下，武钢集团为了实现企业规模的扩张，便开始了并购重组之路。

武钢通过市场调查发现我国西南部的钢铁产能还比较分散，如广西、云南和贵州等地。在市场调查的基础上，武钢提出了"中西南发展战略"，即发挥武钢的各方面优势，通过联合中西南部的钢铁企业，实现优势互补，通过并购实现强大的区域市场控制力和竞争力。其并购过程如下：

第一步：并购湖北鄂钢。

2005 年武钢和鄂钢实力相差悬殊，鄂钢 2004 年亏损了几千万元，但武钢集团实现了利润 70 亿元。对于鄂钢来说，要么继续独立经营，几年后将面临不良资产的处置问题；要么是进行股权划拨，将其 51% 的股权划拨给武钢。后一种方式更有利于鄂钢的发展和地方税收的增长。2005 年 1 月，鄂钢 51% 的股份由湖北省国资委无偿划拨给武钢，鄂钢便成了武钢的控股子公司。并购后，武钢将其经营策略应用到鄂钢中，使得鄂钢的经营效益有了明显的好转。

第二步：并购广西柳钢。

柳州钢铁集团公司是广西最大的国有工业企业。二者之间的并购，是我国钢铁企业首次跨地域重组。由于当时柳钢对柳州市及广西壮族自治区的利税贡献，使得广西壮族自治区国资委及柳钢都拒绝这桩并购案。后来经协商后武钢提出，被收购的柳钢每年产生的利税将由双方企业所在地政府进行五五平分，最终实现了并购，组建了武钢柳钢联合有限责任公司。

第三步：抢占云南昆钢。

昆明钢铁集团公司是云南最强的钢铁生产基地。在此之前，荷兰米塔尔钢铁公司就有意合并昆钢，但此事由于有关部门没有审批而搁浅。其后攀枝花钢铁集团也有此意，但在竞争中，武钢凭借其雄厚的资本和各种优越的条件，最终成功并购了昆钢。

武钢与鄂钢、柳钢、昆钢重组后，按照"发展规划统一、市场开发统一、产品研发统一、资源开发统一和资本运作统一"五个统一的原则，加强资源整合，充分发挥了战略并购的协同效应。

案例 2：国美并购永乐

随着市场竞争日渐激烈，同一商圈的多家连锁店共同存在的现象普遍存在，使得单店经营业绩受到了不同程度的影响。家电行业连锁经营的现象比较普遍，进入 21 世纪后，家电行业的利润率大幅下降，截至 2004 年底，该行业毛利润仅有 10%，净利润率则不足 3%。[①] 截至 2005 年，国美、苏宁和永乐占据了家电行业前三强的地位，其市场占有率分别为 10.14%、8.11% 和 3.65%。[②] 国外家电零售巨头也纷纷进入中国市场，2006 年，百思买集团斥资 1.84 亿美元购得五星电器有限公司（江苏）75% 的股权，并开设分店，国内家电连锁企业的竞争力度相应加大。为了在竞争中占据有利的市场地位，国内各家电连锁企业积极寻求战胜对手的策略。

在此背景下，2006 年 7 月，国美董事长黄光裕与永乐董事长陈

①　宁楠：《永乐家电高层管理人员激励方式设计与分析》，硕士学位论文，华中科技大学，2006 年。

②　丁友刚：《中国企业重组案例》，东北财经大学出版社 2010 年版，第 135—136 页。

晓联合发布国美永乐的合并公告书。经过多轮博弈后，国美电器于 2006 年 11 月成功收购了永乐电器。

首先，国美电器（主并方）的并购动因体现在主并方企业为了扩大规模。当企业达到较大规模后，便具备了和供应商讨价还价的能力。由此可见，企业规模的大小体现了企业的盈利能力和抗风险能力。在家电行业，各零售企业都会通过增加网点获得竞争优势，但如果网点过密，也会提高经营成本，导致竞争力下降。为了实现网点的合理化布局，实现集约化经营，获取规模经济效应，国美并购永乐，以加快实现行业的"低价、规模化和专业化"。

其次，并购动因体现在国美电器为了应对国外家电零售巨头带来的竞争，提高企业自身的竞争力。当时百思买已经并购了五星电器，并购后的规模非常庞大，几乎达到了同行业前三名之和的 8 倍，因此，国美并购永乐是提升国内家电零售品牌竞争力的有力策略。

国美并购永乐之后，无论是门店数还是年销售额，都与苏宁和百思买拉开了很大的差距，顺利确立了自己的行业霸主地位，股价明显上涨，业绩也获得了显著的提升。

从上述两个案例来看，武钢的控股股东为湖北省国资委，性质为国有控股，国美电器的控股股东则是黄光裕，性质为民营控股。上述两个案例可以说是国有上市公司和民营上市公司并购的典型代表。主并公司武钢和国美，二者除了企业性质不同以外，其控股股东的不同之处还体现在其具备的对公司行为能力的差异上。从上述案例可以看出，国有和民营控股股东在进行并购决策和实施并购的过程中，所体现出来的并购行为能力存在明显的区别。如并购行为的驱动因素——并购动机就存在显著的差别。武钢并购的背景是 2005 年初，国家发改委出台《钢铁工业控制总量、淘汰落后、加快结构调整的通知》，按此文件精神，在"十一五"期间，我国为了进行产业整合，鼓励钢铁企业之间进行并购，为了促进企业间的并购，国家对钢铁总体产能进行控制，不再批准任何钢铁企业产能扩展规划。在此背景下，要实现钢铁企业的规模扩张，就只有通过并购这一条途径，武钢集团便是在此政策背景下开始了跨区域并购重组之路，该并购行为体现的是作为政府的控股股东意志，政府干预的强度非常大。国美并购永乐的案例，并购动因首先是为了扩大企业规模，提高与供应商议价的能力，其次是为了应对外资的涌入，提高企业自身的竞争力。该并购行为体现的是企业控股股东的意志。综上所述，国有与民营上市公司并购动机存在较大的区别，这也会导致并购模式、并购支付方式、并购后的整合速度、并购风险等一系列的并购行为出现差异，并最终导致并购绩效出现差异。本书将控股股东的不同特点、性质称为特质，特质不同，控股股东的风险偏好、行为能力等就不尽相同，从而最终表现为绩效的差异。

　　上述两个案例是众多并购案例中具有代表性的案例。在这两个案例的基础上，可以将研究的样本扩展到整个中国资本市场，考察和总结资本市场上具有不同控股股东特质的上市公司，其并购行为存在哪些不同以及由此带来的绩效差异。本书将基于控股股东特质理论，以并购的上市公司作为样本，利用财务研究法、主成分分析法、指数模型设计和多元回归分析等方法，在对并购动机、并购模式、并购支付方式、并购风险偏好等进行分析的基础上，对并购绩效进行对比研究，找出影响并购绩效差异的成因，提出相关的改进对策。

目　录

第一章　绪论

第一节　研究背景

一　国外企业并购的发展

美国著名经济学家、诺贝尔经济学奖获得者斯蒂格勒在其论文《通向垄断和寡占之路——兼并》中指出："一个企业通过兼并其竞争对手的途径成为巨型企业是现代经济史上的一个突出现象"；"没有一个美国大公司不是通过某种程度、某种方式的兼并收购而成长起来的，几乎没有一家大公司是主要靠内部扩张成长起来的。"对于西方国家的并购史，比较公认的说法是：自19世纪末起，以美国为代表的西方国家企业开始了大规模的并购活动，其中也不乏大量的跨行业、跨国界的并购活动。以美国的经济为代表，从第一次并购浪潮至今，已经经历了五次大的并购浪潮，范围也逐渐扩展到了全球。从全球范围来看，目前正处于第六次并购浪潮中。

美国的第一次并购浪潮从1897年开始，到1904年结束，历时8年。8年间，共发生了2943起并购，平均每年368起。1897—1904年，美国的并购浪潮经历了一个由低到高，又由高到低的过程；1898—1902年，并购的数量达到了高峰。第一次并购浪潮产生的原因是多方面的。首先，由于当时的经济衰退，众多企业业绩不佳，它们希望通过并购扩大企业规模，减少同业的竞争，获得规模效应，改善公司的业绩。其次，美国一些州的公司逐渐放宽条件，允许企业为并购目的而收购其他公司的股票。最后，美国交通运输系统的发展使企业可以方便地以较低的成本向远方市场提供产品和服务。此次并购浪潮几乎涉及了美国的所有行业，其中，金属、食品、石化产品、化工、交通设备、金属制造产品、机械、煤炭八个行业发生的并购案最多，这些行业的并购占该时期所有并购的2/3。此次并购浪潮之中多数都是以获得规模经济的横向并购，横向并购所占的比例达到78.3%，12%为纵向并购，其余的9.7%为混合并购。此次并购浪潮彻底改变了美国的经济结构，3000家公司的消失，使得一些大公司控制了美国许多产品的生产。但是1904年美国股市的崩溃及1907年出现的银行倒闭风潮，使得当时多数并购都以失败告终。

第二次并购浪潮发生于1926—1930年，在此期间，共发生了4600起公司并购案。此次并购浪潮最活跃的并购领域是钢铁、铝与铝制品、石油产品、食品、化工产品和运输设备行业。虽然在此次并购浪潮中仍然有很多横向并购的案件，但是更多的是上下游企业之间的整合和并购，即很多并购案例是通过并购将产品生产的各个环节、各个零部件厂商都整合到一个公司里，各个工序相互结合、连续生产，形成一个统一运行的联合体。因此，如果说美国第一次并购浪潮是导致垄断巨头产生的并购，那么第二次并购浪潮更多产生的是占据很大市场份额的寡头公司，它们不是一家，而是类似的几家占据某一产品的巨大市场份额。美国有许多至今仍活跃的著名大公司就是在此期间通过并购形成的，如通用汽车、IBM公司等。第二次并购浪潮最终被美国历史上最严重的1929年经济大危机打断。由于美国反托拉斯法的立法不断完善，特别是1914年国会通过了克莱顿法案，对行业垄断的约束和监管更加严格，反垄断的措施更加具体、执行更加有效。

第三次浪潮是在科技推动和经济发展的背景下形成的，20世纪60年代后半期，美国正处于第二次世界大战后相对较长的一个经济景气时期，由于第二次世界大战后科技的发展，特别是电子计算机、激光、宇航、核能和合成材料等部门的形成对生产力的发展起到了极大的推动作用。科技的推动和经济的发展促进了公司的并购。1960—1970 年，美国共发生了 25598 起并购，其中仅 1967—1969 年就发生了 10858 起并购。与前两次并购浪潮不同，这次并购浪潮中许多并购案是跨行业的并购，即所谓多元化并购。采取这一战略的出发点首先是多元化经营有助于公司保持业绩平稳，有助于公司抵御各种商海风浪的冲击；其次，20 世纪 60 年代是美国反托拉斯、反垄断最严厉的时期，这也使得横向与纵向并购的数量受到了限制；最后，60 年代美国股市大涨，使并购的成本下降，自然也会促进并购的增加。尽管多元化战略是第三次并购浪潮的主要特征，但是大部分多元化的并购都是失败的。在第三次并购浪潮中，还首次出现了敌意收购的案例，即目标公司不同意被收购，但是收购方却直接向股东提出了有诱惑力的要约收购。由于董事会在决定是否接受收购时要以股东利益为最大利益，因此，如果收购方提出了一个很高或极高的收购价格，不接受就可能违背股东利益，就会面临股东提出的司法诉讼，因此，敌意收购在很多情况下是可以得手的。敌意收购的出现，也促使部分的多元化并购以失败告终。

第四次并购浪潮发生在 1981—1989 年，这也是美国从第二次世界大战后经济景气持续最长的一个时期。本次并购浪潮席卷全球，发展成世界性的并购浪潮。20 世纪 80 年代，美国有线电视、无线通信、家用电器和计算机等产业的发展促进了经济的增长。新兴行业的增长与传统产业的地位衰落必然会带来新一轮的产业结构调整，从而带动新一轮并购浪潮的到来。1981—1989 年共发生并购 22000 多起，从数量上看并没有超过第三次并购浪潮，但并购交易额却大大超过了上次并购浪潮。第四次并购浪潮不仅平均每起并购的规模要大大超过上次并购浪潮，而且大型并购案的数量也远远超过上次并购浪潮。第四次并购浪潮的一个重要特征是杠杆收购急剧蹿起。杠杆收购的目的是为了将来以更高的价格出售，赚取买卖的差价及并购交易的咨询服务费。由于这类收购的收购方往往是一些金融机构，它们在收购时主要运用的不是自有资金，而是以目标公司的资产为抵押向商业银行借款、以目标公司资产作担保发行的次级债券和没有担保的低等级债券。由于市场融资占收购资金的主要部分，即收购方在收购时采用了很高的财务杠杆，所以这类收购被称作杠杆收购。与杠杆收购一起出现的还有管理层收购，由于管理层收购时主要收购资金亦来自市场融资，所以在一定意义上也可以将其归纳到杠杆收购一类。第四次并购浪潮中还出现一些敌意收购，虽然数量不多，但是敌意收购的价值在此次并购中却占有较大的比例。第四次并购浪潮中，除了敌意收购外，还出现了跨国并购，且并购数量逐渐增多，这里既有美国公司收购外国公司，也有外国公司收购美国公司，比较有影响的外资收购美资公司的案例是1987 年英国石油公司以 78 亿美元对美国标准石油公司的收购。

20 世纪 90 年代后，具体的时间是 1992—2000 年，美国进入了第五次并购高峰时期，但并购迅猛增长发生在 1996—2000 年。在此期间美国一共发生了 52045 起并购案。无论是总量还是年平均量都大大超过了第三次和第四次并购浪潮的规模。从行业看，此期间按照并购的美元价值排序的前 5 个行业分别为传播、金融、广播、计算机软件及设备、石油，在这些行业发生的并购案所涉及的并购金额占并购总价值的 49％。在美国第五次并购浪潮中，第一个特征是跨国并购的案例数量和金额均很高，多数跨国并购发生在美欧之间。这显示美国与欧洲各国的经济互相渗透、互相整合的程度也在加深，也显示经济全球化、现代信息技术全球化的程度在加深。期间外国公司收购美国公司按收购数量最活跃的依次为加拿大、英国、德国、法国、荷兰、日本、瑞士、瑞典、澳大利亚和爱尔兰，它们的收购数量占到了外国收购美国公司全部数量的 82.55％；按照并购金额大小的排序则依次为维尔京群岛、德国、荷兰、加拿大、法国、百慕大等，它们的收购金额占到了外国收购美国公司全部金额的 90.44%。① 第二个特征是资产剥离案件发生。所谓资产剥离，是指公司出售子公司、少数股东权益或分支机构的行为。在美国，资产剥离的高峰年是 2001 年，在该年度的并购活动中，共发生了 2914 起剥离案件，占当年并购总数量的 35%。第三个特征是对非上市公司的大量收购。绝大多数被收购的非上市公司面临两种情况：一种情况是公司缺少继承人接管生意，公司的所有者接近退休的时候找不到接班人，不得不考虑卖掉公司以变现；另一种情况是公司正经历着成长的压力，由于消费者对公司产品和服务的需求不断增长，迫使公司的经营变得更加复杂和有效，为了满足这样的需求，公司的所有者必须卖掉一部分业务以获得扩张所必需的资金。关于并购的支付方式，在 20 世纪 80 年代的并购中，支付现金的比重要比换股的比重高出许多，而在第五次并购浪潮中，收购上市公司时换股的比例最高，收购非上市公司时换股的比例次高；资产剥离时支付现金的比例最高，跨国并购时支付现金的比例也很高。

　　第五次并购浪潮的出现不是偶然的，它实质上是全球一体化程度加深、国际竞争加剧、技术进步加快而带来的一次跨国重组和结构调整浪潮，并反过来促进全球一体化、国际竞争和技术进步。因此，其也是一次跨国重组和结构调整浪潮。② 2000 年美国经济由繁荣开始转入衰退，且 2001 年 "9·11" 事件也使得美国经济加速下滑，可以看出此次浪潮同步于美国经济发展的周期。

　　事实上，在经历了 5 年时间的漫长等待之后，历史上第六次并购浪潮正在悄然无息地席卷而来。前五次并购浪潮，中国企业只是在第五次并购浪潮中，以联想、海尔为主力的机构稍有参与。而后中国企业大量崛起，国际上的大型投资银行等机构纷纷入驻我国展开并购活动，所以说第六次并购浪潮，将会以中国为主。中国投资银行家王世渝认为，全球第六次并购浪潮将由中国主导；中国经济要

---

　　① 朱宝宪：《公司并购与重组》，清华大学出版社 2006 年版。
　　② 桑百川：《中国要不要参与跨国购并》，《开放导报》2001 年第 Z1 期。

想保持中高速发展，中国已经形成的和全球之间的产业、金融和整个经济生态，已经较难承载这个使命了。并购浪潮往往掀起于经济复苏期，并在经济增长到达顶峰之前就进入高潮。并购浪潮的掀起肯定了2005年世界经济复苏的真实性和有效性。从并购发生额的激增不难看出，2005年的经济复苏确实给微观个体带来了较为可观的经济利益，毕竟只有在充足现金流的支持下，并购活动的有效进行才能得以保障。

从中国近年来的并购规模来看，2013年并购规模超过日本，成为亚洲第一。如果说2013年是"中国并购市场元年"，那么2014年并购市场的表现则更为抢眼。2014年的并购规模为3722.27亿美元，占全球并购规模的18.6%。我国已经超越美国成为全球并购活动最活跃的国家，而包含IT行业和互联网行业的信息产业领域则成为我国并购最活跃的领域。截至2014年11月底，我国信息产业领域并购案例高达187起，占中国市场并购数量的11.6%；已披露并购金额共计613亿元，占全部并购金额近10%。如此大规模、多数量、高金额的并购交易所呈现出的三大特征往往引人注目，值得深入分析。第六次并购浪潮，将以跨国并购为主，并将呈现以中国为主导的并购格局，核心是技术转移，其将带动资本、品牌、渠道、管理、人才的全球转移。

对于这样一次重心在中国的全球并购浪潮的来临，究竟会给中国带来什么？中国又需要以什么样的心态和准备去迎接这样一次全球并购浪潮的来袭？向高端产业升级和向新兴产业转型都是中国企业必须面对的考验，而技术、渠道、品牌和管理的国际化战略将是中国企业，尤其是中小企业必须抓住的战略机遇。近几年来，中国涌现出一大批世界500强企业，无论是国企还是民企，其快速成长的经历恰恰是通过技术革新打通或占领渠道、扩大品牌推广，以及进军海外市场。正是因为这些企业抓住了核心要素并高效落实，才有了今天的企业规模与成就。

如果说此前中国企业的并购目的多为规避市场进入壁垒、利用劳动力成本优势进入区域市场等方面，那么以此轮全球经济危机为转折点，中国企业的并购目的逐渐转移到拓展全球市场，获取海外先进产品技术以反哺中国市场当中来。随着中国经济的快速成长以及中国企业在全球运作经验等方面的迅速提升，更多中国企业将并购目标瞄准了中小型的专业化、运营良好、具备一定品牌及技术优势的企业。在新一轮的国际并购浪潮下，中小企业将成为国际并购的生力军，也将成为中国经济国际化舞台上的重要角色。

有经济学家认为，一个发展中的经济体，如果懂得利用其和发达国家的技术差距，作为技术创新和产业升级的来源，创新的成本和风险会比发达国家低，创新的速度、产业升级的速度则比发达国家快得多。从各国的历史实践来看，这种经济增长速度甚至可以两倍、三倍于发达国家。在过去的三十多年，中国通过改革开放抓住全球产业转移的机遇，经济保持了三十多年的高速增长，一跃而成为全球第二大经济体。未来，中国需要抓住全球技术转移的新机遇，实现转型升级和可持续发展。而要抓住新一轮的技术转移机遇，对于产业基础、合作方式以及操作手段则提出了更高的要求。地方政府不能只是简单地招商引资，而要采取并购、融资等手段来吸引先进技术与原有产业进行基础合作。中小企业也不能只满足于成为产业链的低端，而要通过新的创新与国际合作往高端走。世界经济的潮汐有着自己的规律，不以人的意志为转移。及时认清潮流并顺势而为，可成就世界级的商业帝国，并立于不败之地。在今天这样一个历史节点，世界经济的大趋势呈现出"中国经济的全球化和全球经济中国化"的发展格局，中国的产能和市场已越来越与世界经济密不可分。这是一个竞争激烈的市场，而中国产业的价格优势已经开始丧失，所以想保有和扩大世界市场的份额，中国企业要有掌控产业关键技术的能力。需要正视的是，关键技术能力迄今为止不是中国的强项，发展此能力也不是朝夕可达的事。但是，在全球经济一体化程度越来越深的今天，任何企业资产包括技术能力，都可以通过并购或企业战略合作进行跨国整合，所以并购成为中国获得关键技术能力的捷径。

以中国为主导的第六次并购浪潮，是第一次以新兴市场去并购发达市场，第一次以非英语国家去并购英语国家，第一次以相对落后的产业去并购相对先进的产业——即"以弱并强"——正是这些独特的现象，使我们可以将这一次称为学术意义上的"第六次"。①

但如何实现以弱并强？信心来源在于：首先，中国财富积累已达到一个量级，成为全球并购主导者的经济基础已基本具备；其次，中国13亿人口的巨大市场空间，已构成我国在全球并购过程当中的优势；最后，中国目前产业结构调整，迫切需要在全球收购技术、资源和品牌来提升优化经济结构。复星副董事长兼CEO梁信军说，复星的定位非常清晰，选择收购目标就是以"能不能受益于中国动力"为主要衡量标准。欧债危机延缓了欧洲优秀公司成长的速度和步伐，也提高了投资机会，但梁信军强调，投资虽在欧洲，但论证的还是这个公司在中国有多大的成长空间。判断逻辑就是怎么让全球好的企业通过其投资分享到在中国市场的成长，或是让中国企业更好地组织全球资源，最终服务于中国成长。

中国企业家们的热情并非一厢情愿。英国前财政部商务大臣、英中贸易协会（CBBC）主席詹诚信勋爵（Lord James Sassoon）就很看好中国在这一轮全球并购浪潮中的角色带给英国的机会。"世界上没有哪个国家像英国这样始终欢迎国外投资者，"他说，"我们必须鼓励中国企业家寻找投资机会，我们所要做的，就是把能提供的条件展示给中国，而不是藏在桌子底下。"

对有志于在第六次并购浪潮中乘风破浪的中国企业家而言，现在面临的困境，一是缺乏合适的工具，金融服务水平有待提升；二是缺乏国家战略支持，审批速度比较慢。因此，政府应该尽快将"走出去"真正落实为顶层设计与可操作性制度安排，制定配套金融政策，加大国企改革力度，打造整合产业链的便利条件，帮助企

---

① 《全球第六次并购浪潮来袭，跨境并购成主流》，人民网，2014年4月18日。

业在这场以中国为主角的第六次全球并购浪潮中乘风破浪①。

二 我国企业并购的发展

对于中国企业并购史各阶段的划分，理论界比较典型的观点有以下几种：

第一种观点认为清末是并购史的起源，直到 20 世纪二三十年代为止。② 第二种观点认为是以改革开放作为并购史的起点。该观点认为中国的并购史经历了三次并购浪潮，它们分别是 20 世纪 80 年代初，以保定锅炉厂和保定风机厂之间的兼并为标志的第一次浪潮；以 1993 年"宝延事件"为标志的第二次并购浪潮；21 世纪初，当中国加入了世界贸易组织后，在新兴中国市场上引起了第三次浪潮。③ 第三种观点认为中国企业的并购浪潮应该从中国资本市场建立后算起，认为 1993 年资本市场建立以来，中国的并购浪潮经历了以下几个阶段：一是公司并购的萌芽阶段（1993—1996 年）；二是并购的活跃阶段（1996—2000 年）；三是并购的纵深发展阶段（2000 年至今）。④

上述几种划分方法各有特点，但是它们都难以反映中国企业并购发展的历史全貌。第一种观点对浪潮的内涵存在一定程度的曲解；而后两种观点则在时间点上有一定的滞后。本书认为，中国企业并购发展的轨迹可以分为新中国成立前的并购重组、中国资本市场建立前的并购重组以及资本市场建立之后的并购重组三大阶段。除按照时间先后顺序的标准进行划分，本书还基于控股股东特质理论对我国上市公司的并购发展史进行了划分。

（一）按照时间先后顺序的标准进行划分

首先是新中国成立前我国企业的并购重组史。我国最早发生的

---

① 《中国能否驾驭全球第六次并购浪潮》，东方财富网，2013 年 11 月 18 日。
② 杜晓堂：《模式创新、政策突破和利益博弈——中国上市公司并购重组的制度变迁和思想演进研究》，博士学位论文，复旦大学，2005 年。
③ 潘杰：《中国：直面第三次并购浪潮的到来》，《经济与管理研究》2003 年第 3 期。
④ 李占猛：《上市公司并购的政策和趋势》，申银万国证券研究所，2002 年。

并购案例，可追溯到 19 世纪"洋务运动"时期。该时期涌现出了很多兼并大案，"洋务运动"中并购的最大手笔始于 1877 年，民族企业招商局投资 222 万两白银一举并购了称霸中国江海 10 余年的外国在华最大航商——美国旗昌轮船公司。1900 年，八国联军入侵中国，农业遭到严重破坏，荣宗敬、荣德生兄弟创办了面粉厂，荣氏兄弟则成为中国近现代家族民营企业的始祖，从清朝、北洋政府到国民党再到新中国，荣氏家族历经四朝。伴随着荣氏家族的扩张史，荣氏兄弟策划实施了多次兼并活动：1915 年对上海中兴面粉厂进行了收购，改名为福兴；1916 年又收购了无锡惠元面粉厂，改名为茂新二厂；其后几年又先后购买了上海恒昌源纱厂、上海海德大纱厂、常州纱厂等。此外，比较有影响的并购活动还有 1931 年 4 家火柴企业合并为大中华火柴公司，4 家公司包括了中华、裕生、鸿生、荣昌；1935 年南京政府也通过股权的控制，实现了对中国通商银行等 4 家银行的控制；1936 年和 1937 年，各银行之间也进行了大量的并购，如中汇控股浙江商业储蓄银行，国华控股太平等。[①]

此阶段企业之间的并购重组模式和动机比较单一，模式主要是以购买为主，动机主要是以扩大规模为主。

其次是中国资本市场建立前的并购重组史。我国资本市场于 1993 年开始建立，自 1993 年起，沪深交易所相继成立。资本市场建立之前，我国企业并购的发展可分为以下三个阶段：第一阶段是 1949 年至 1956 年，第二阶段是 1957 年至 1978 年。这两个阶段都是在计划经济体制下，对工商业进行了社会主义改造，对国营企业进行了大调整，对部分工业企业进行了关、停、并、转，其采用的是政府指令下的划拨方式，具有行政性合并的特征。第三阶段是 1978 年后，中国市场经历了改革开放、市场经济体制建设以及资本市场的建立，在这样的市场背景下进行了一系列的并购活动。

---

① 杜晓堂：《模式创新、政策突破和利益博弈——中国上市公司并购重组的制度变迁和思想演进研究》，博士学位论文，复旦大学，2005 年。

中国改革开放政策实施后的第一起并购案是发生于 1984 年的保定市锅炉厂兼并市风机厂。随后，保定市政府又促成 9 起并购案。继保定之后，武汉、南京、上海、北京等城市也进行了企业产权转让等方面的初步尝试。到 1986 年，全国大多数的城市都出现了并购。1989 年，中国政府出台了《关于企业兼并暂行办法》，这是此阶段并购探索成果的总结。此阶段并购的特点在于，并购方式多样化，主要有债务承担方式、出资购买方式、无偿划拨方式、控股方式和参股方式，并购类型也包括了横向并购、纵向并购与混合并购。政府在并购中发挥了重要作用，推动经济结构优化和亏损国有企业改组，并购活动的盛行推动了产权交易市场的兴起，并使产权交易转让活动逐步走向规范化，交易范围不断扩大。1992 年，邓小平"南方谈话"，促使中国出现了改革的浪潮。此阶段影响较大的是香港中策公司的并购案，该公司从 1992 年 5 月起，逐渐实现了对国内百余家国有企业的改建，中策公司实现了对其绝对控股，造就了一个庞大的"中策企业王国"。①

最后是资本市场建立后我国的企业并购浪潮。党的十四大明确要建立市场经济体制，企业并购成为国有企业改革的重要手段。20 世纪 90 年代初，上海和深圳证券交易所相继成立，此后，并购市场的主角逐渐变成了上市公司。自资本市场建立后，主要经历了五次大的并购浪潮。第一次是 1993 年 9 月 30 日，通过市场举牌的方式，深圳宝安集团率先控股延中实业，由此引发了"宝延风波"的并购潮。第二次是以原北旅汽车并购日本五十铃自动车株式会社案例为代表的浪潮。此次并购最终使得北旅汽车股价一周上涨 107.32%，这也是 A 股市场中第一起真正的外资并购案。第三次发生在 1998 年，这也是 A 股市场真正意义上的大规模并购潮。第四次是 2002 年 3 月底，以太太药业等对丽珠集团股权争夺的案例为代表。第五次浪潮以 2004 年各企业围绕新百集团的股权进行争夺的案例为代

---

① 吴向恩：《中国企业并购的发展研究》，《北京商学院学报》2001 年第 3 期。

表，此阶段提出了对上市公司产业价值重估的概念。①

目前我国资本市场上正处于第六次并购浪潮之中。此次并购浪潮的主要特点为涌现出了以中石化、中石油为代表的并购；推动了市场对商业股价值的挖掘；外资并购不断涌现，有些并购政府参与度比较高。自 2010 年国务院 10 号文出台以来，产业政策、税收、融资、行政审核等鼓励并购重组的政策接连出台，对活跃市场、鼓励并购起到了不可忽视的重要推动作用。多维度立体改革正有序展开，改革带来的阵痛与改革红利交织，市场发展正进入新阶段。一方面，受益于转型升级的消费、医药、信息、服务等领域，将面临长期稳定增长，并购需求旺盛；另一方面，快速成长的行业中，大部分企业不可能都能抓住资本市场上市的机遇，所以对并购的需求仍会持续旺盛。从并购的过程和效果来看，第六次并购浪潮的广度与深度将会超越前五次并购浪潮。

（二）基于控股股东特质理论的我国上市公司并购发展史

除按照时间先后顺序对中国并购史进行归纳总结外，还可以基于控股股东特质进行划分。在计划经济时期，国营企业是经济的主体，此阶段的并购基本都是由政府主导，并购较多地体现了政府这个控股股东的意志，比如此阶段出现了较多"拉郎配"式的并购，就是政府意志的体现。1978 年，党的十一届三中全会决定扩大企业自主权，由此逐步开始了国有企业的公司制改革。1985 年，我国实施承包经营责任制，继续进行国有企业改革。1992 年邓小平"南方谈话"以及于当年 10 月召开的党的十四大明确要建立我国市场经济体制，进一步加强国有企业改革。1993 年中国资本市场建立以及随后沪深两市的建立，使得企业的改革获得了更进一步的发展。此时企业可以通过上市进行资本的筹集，上市公司也逐渐增多。1997 年 9 月，党的十五大强调公有制实现形式可以而且应当多元化。从

① 雷玉：《我国上市公司并购动机与并购溢价之间关系的理论与实证分析》，硕士学位论文，厦门大学，2006 年。

国有企业改革一路发展至今，我国的经济主体呈现出了以公有制经济为主、私营经济为辅的格局；企业组织也出现了有限责任公司、股份有限公司、合伙企业、独资企业、外资企业、中外合资企业等形式。对于股份制企业来说，股东可以分为控股股东和中小股东，也可以分为国有股东和民营股东。对于公司制企业来说，企业甚至还会出现内部人控制的局面。由此可见，此阶段企业的并购决策主体朝着多元化方向发展。如内部人控制严重的企业，其并购决策就由内部人主导，外部股东控制力较强的企业，则主要由外部的控股股东来主导并购。外部控股股东也不再仅仅是计划经济时期的国家股东，也包括其他的控股股东，如企业法人、机构和个人。不同性质和特点的股东在进行并购决策和行为时，就会体现出不同的特性和能力。如民营控股的公司，其并购决策就体现出了民营所有者自身的意志及能力，与国家控股股东的意志及能力存在差别。

　　并购是控股股东意志的体现，属于所有者财务范畴，因此从控股股东特质角度来看，我国的并购史可以分为两个阶段：一是计划经济阶段，以政府主导的并购阶段；二是市场经济阶段，由多元主体主导的并购阶段。此处的多元主体主要包括内部人和外部股东，外部股东则包括国家、企业法人、机构和个人等。

　　综上所述，全球及国内的并购浪潮迭起，并购日益成为国内资本乃至国际资本重新组合的主要途径。尤其在中国资本市场，并购成为最重要的资源整合手段，也是衡量资本市场成熟与否的重要标准。在此背景下，对并购进行研究，可以促进中国资本市场的发展，并被赋予了一定的时代要求。

三　并购绩效的困惑

　　并购后双方公司的并购绩效是否有所改善一直是业界关注的问题。国内外经济学家们采用了事件研究法、财务研究法等对企业并购绩效进行了大量的研究，研究结果普遍认为目标公司的股东能获得正的超额收益，而并购方股东并没有因为并购本身而获得超额收益，甚至回报有可能为负。这说明并购对目标公司来说会产生正的治理效应。

并购市场充满了竞争，大量的实证研究结果表明，大量的并购效果也许并不明显，或者至少对并购方来说是失败的，那为什么资本市场上一直以来出现了一次又一次的并购浪潮？这里存在一个战略高度的问题。现实市场中有的单个并购案例可能是失败了，但这并不表明其是毫无意义的，因为其有利于产业格局的调整，这就是为什么美国会出现五次并购浪潮，持续了一百多年的并购历史的原因，其中虽然有相当多的企业并购效果不尽如人意，但其重组了美国今天竞争力较强的产业格局。我国在宏观政策层面都在鼓励和支持并购，尤其是央企和国有企业的并购，受到了国资委和各级政府的大力支持，因此我国目前的企业并购，除了关注微观企业的并购绩效外，还应注重并购对优化资源、重建行业格局、企业布局的重大作用。也就是说，我们要同时注重并购的微观绩效和宏观绩效。本书认为，并购的宏观绩效主要体现在并购能重塑或完善产业格局，调整行业的竞争态势，进行资源的优化配置；而并购的微观绩效主要是指并购后主并公司绩效和目标公司绩效的提高。

并购是资本市场永恒的话题。如前文所述，并购发展了一百多年，也必将成为一种发展的趋势。前人研究表明，并购普遍对目标公司较为有利，对主并公司的提升作用并不太明显。因此，如何提升并购的绩效，使并购充分发挥其宏观和微观的作用，便成了今后资本市场的重大课题。本书就是基于控股股东特质理论，基于规范我国企业的并购行为，以提升企业的并购绩效为出发点进行的研究探索。

四 中国上市公司所有者的特殊性

大量的研究表明，企业并购后目标公司的并购绩效普遍好于主并公司，提升主并公司的并购绩效就成了公司并购后的主要任务。由于企业所有者具有一定的特殊性，不同企业的控股股东具有不同的特质，因此还存在不同企业性质的企业并购行为和并购绩效的差别。

在我国，上市公司的所有者可以分为各级国有资产监督管理委员会（以下简称"国资委"）、各级国家政府、企业法人、自然人等。

按照公司所有者的不同性质，尤其是按照控股股东的性质，可以把所有公司分为国有性质的上市公司和民营性质的上市公司。对于控股股东或终级控制人为中央或地方各级国资委、各级政府和国有企业法人的，统称为国有上市公司，其余都被称为民营上市公司。

公司所有者的特质不同，导致了公司的决策和行为不同，风险偏好和行为绩效也不同。我国上市公司由于其所有者的特殊性，不同性质的公司其并购行为不同，具体包括并购动机、模式、支付方式、风险偏好、绩效等存在差异。

综上所述，并购是资本市场的永恒话题，并购正在国际和国内资本市场如火如荼地进行着。2013 年，中国共发生公司并购案 1232 起，并购金额（国内市场并购和跨国并购）达到 3328.51 亿美元，2013 年堪称中国的"并购年"，2014 年的并购金额达到了 3722.27 亿美元。可以预见，企业之间的并购会一直延续下去。由于当前并购的绩效还不乐观，尤其是对于主并公司来说，因此，规范企业的并购行为，提升企业的并购绩效就成了当前乃至今后资本市场的重要任务。并购属于控股股东的重大财务决策，往往体现的是控股股东的意志，因而其属于所有者财务的范畴。由于我国上市公司的所有者具有不同的特质，因此不同特质的股东就会产生不同的所有者财务行为，这些不同的财务行为在资本市场上的一个重要体现就是不同的并购行为。本书根据所有者财务和控股股东特质理论，对不同特质的股东的财务行为（并购行为）进行比较分析，找出产生差距的原因，并提出相应的对策。

第二节　本书框架

一　研究思路

全球和国内的并购浪潮迭起，并购日益成为国内资本乃至国际资本重新组合的主要途径。尤其在中国资本市场，并购成为最重要的资源整合手段。通过对已有研究成果进行总结，发现并购对于目标公司具有普遍的正收益，而对主并方来说，并没有因为并购本身而获得超额收益。因此，提升并购后公司的绩效，尤其是主并公司的绩效，是今后资本市场的重要任务。在我国，企业所有者具有一定的特殊性。一般来讲，企业的所有者包括法人和自然人，但是在中国，法人还可以分为国有法人和非国有法人。在现实中，国有法人和非国有法人在进行公司决策时（如并购决策），其目标往往是不同的。国有法人在做决策时往往并不单纯以盈利为目的，通常带有一定的行政目的，如国家安全、产业整合、社会稳定、扶持亏损企业、国有资产保值增值等，因而在不同的决策动机下其决策效果也会存在差异。因此，对不同性质的所有者的经济财务行为进行对比研究，找出引起差距的原因及提出相应的改进策略，是符合中国资本市场的特殊国情的。

"控股股东特质"就是对不同性质和特点的所有者的行为能力进行研究的理论。该理论是四川大学干胜道教授在其"所有者财务"理论的基础上，于2011年在其专著《股东特质与企业财务行为研究》一书中提出的。该理论认为，特质是股东特点、性质、行为能力和风险偏好等的综合词，因此控股股东特质就是控股股东的特点、性质、行为能力和风险偏好等的综合词。根据所有者财务理论和控股股东特质理论，本书认为具有不同特点和性质的所有者（股东），其财务行为能力是有差异的。

控股股东的财务行为能力包括很多方面。根据所有者财务理论，所有者财务具有完整的内容体系，包括筹资、投资和利润分配。企业并购属于控股股东的重大财务决策，体现了控股股东的意志，因而其属于所有者财务的范畴，是控股股东的财务行为之一。公司的并购行为是公司控股股东财务行为的具体体现，并购绩效的好坏体现了控股股东行为能力的高低。作为所有者财务行为之一，并购同其他的所有者财务行为一样，都受不同控股股东特质的直接影响，即不同性质的股东，其并购行为能力也是存在差异的。作为财务行为之一的并购行为，既包括并购过程中的行为，如并购模式的选择、并购支付方式的选择、并购风险偏好的选择、并购后的整合行为等，也包括引起并购的并购动机，以及并购行为产生的结果——并购绩效。这些并购动机、并购行为、并购绩效等都受到所有者特质的影响。

在控股股东特质理论的基础上，根据控股股东的不同性质，本书将控股股东分为国有控股股东与民营控股股东，并采用财务研究法、主成分分析法对国有与民营上市公司的并购绩效进行对比分析，得出民营上市公司并购绩效好于国有上市公司的结论，并进一步采用 Tobin's Q 值法，对所得的结论进行验证。在对并购绩效差异的原因进行分析时，本书采用的是描述性统计方法，并构建了相应的指数模型，最后提出了相应的改进措施。

二　全书框架介绍

本书的框架结构安排如下：

第一章为绪论。本章对研究背景，研究思路与框架，研究的对象、方法与技术路径，研究的目的与意义等方面进行概括说明。

第二章为控股股东特质相关理论。本章对研究的基础理论——所有者财务理论、控股股东特质理论、终极控制人理论与内部人控制理论以及其他的相关理论进行了阐述。其他相关理论包括股权性质理论、股东财务行为理论、控股股东特质理论的扩展等。通过对这些理论的阐述，厘清所有者财务与控股股东特质、并购与所有者财务、控股股东特质理论之间的关系，以及我国上市公司股东与公司并购的特殊性。

第三章为并购相关理论及综述。本章主要全面介绍并购行为的各种理论，包括并购与重组的概念、并购动机理论及其内容、并购模式理论及其内容、并购风险理论及其内容、并购绩效理论及其内容、股东特质理论与并购研究综述。

第四章为基于控股股东特质的我国上市公司并购行为分析。本章主要基于控股股东特质理论中的控股股东性质概念，将上市公司划分为国有上市公司和民营上市公司，并从并购动机、并购模式、控股股东并购风险偏好等方面进行对比分析，寻求其中的共同点和不同点，并研究其不同点存在的原因。

第五章为基于控股股东特质的我国上市公司并购绩效实证研究。以 2011 年进行了并购的上市公司作为样本，选取 14 个财务指标，利用主成分分析法对两类上市公司并购前两年及并购后三年的绩效进行实证研究。研究的目的在于比较并购公司与整体上市公司、并购的国有上市公司与民营上市公司之间的绩效。本书同时采用了 Tobin's Q 值法，对研究结论进行验证。

第六章为基于控股股东特质的并购绩效差异原因分析。本章主要是以控股股东特质理论为基础，找出影响公司并购绩效的因素。这些因素主要是不同特质控股股东并购行为内在的因素，如控股股东决策自主性程度、并购动机、并购模式、并购支付方式、控股股东风险偏好等，对这些因素进行描述性统计和比较分析。

第七章为控股股东特质指数研究设计。通过构建控股股东特质指数，对控股股东特质理论进行量化处理，从而扩展了控股股东特质理论。基于控股股东特质，本书将设计控股股东对管理层控制力指数、整合风险指数和效率指数，并对每个指数进行多元回归检验。在此基础上，分别计算出国有和民营上市公司的指数大小并进行对比，进一步验证第五章中关于绩效对比的结论。

第八章为提高上市公司并购绩效的对策建议。本章针对第六章、第七章的实证分析，提出提高国有上市公司和所有上市公司并购绩效的策略，以及"建立适合我国国情的国有资本投资运营管理体系""将国有公司的直接控股股东转变为企业法人"等策略。

第九章为结论与研究展望。本章对全书进行总结，并提出展望。

本书以所有者财务理论和控股股东特质理论为基础，并将其与并购理论进行结合，是并购研究的新视角。本书利用了控股股东的性质概念，将研究的对象划分为两类，即国有上市公司和民营上市公司。本书在对此两类上市公司的并购绩效与原因进行对比分析时，一方面，基于不同控股股东特质下的并购行为差异，对不同控股股东特质下的并购决策的自主性程度、内部人控制程度、并购动机、并购模式以及控股股东的并购风险偏好程度等方面进行对比研究；另一方面，基于不同控股股东特质，通过构建指数模型进行对比验证。

除此之外，本书还具有一定的创新性。具体来说，本书的创新性体现在以下两个方面：

（1）构建了适合我国资本市场特征的控股股东特质指数模型，拓展了控股股东特质理论。本书构建了控股股东对管理层控制力指数、整合风险指数和效率指数，进一步验证了本书的实证结果，同时，模型的构建量化了控股股东特质理论，是对控股股东特质理论的进一步应用与拓展。

（2）提出了"控股股东决策自主性程度"概念。本书在对国有与民营上市公司并购绩效产生差异的原因进行分析时，提出了"控股股东决策自主性程度"概念，并对该概念进行了实证分析和验证。本书采用"第一大股东持股数与前十大股东总持股数的比值"来表示控股股东并购决策自主性程度的高低，并通过实证统计，将20%—30%这个比值区间命名为"控股股东决策自主性程度最有效区间"。

第三节 研究的对象、方法

一 研究的对象

本书的研究以控股股东特质与所有者财务作为理论依据。公司并购是所有者财务行为之一，其行为模式和绩效将受到公司所有者的决策和行为能力的影响。不同特质的所有者，其性质不同、决策思路不同、风险偏好不同，财务行为能力及导致的并购绩效也会不同。本书以控股股东特质理论为基础，根据该理论中的控股股东性质概念，将我国上市公司划分为国有上市公司和民营上市公司，以

2011 年进行并购的上市公司作为实证研究的样本，将其并购前两年及并购后三年的绩效进行对比。采用财务研究法和主成分分析法计算比较并购公司与沪深 A 股整体上市公司的绩效，以及比较国有与民营上市公司的并购绩效。同时采用 Tobin's Q 值法，对研究结论进行了验证。在控股股东特质理论的基础上，利用描述性统计方法，对这两类公司的并购动机、并购模式、支付方式和并购风险等进行对比分析，从而对导致绩效差异的原因进行分析；同时采用多元回归分析法构建指数模型，对实证结果进行进一步的检验，对绩效差异产生的原因进行进一步的探索。最后，本书提出相应的对策和建议。

二　研究的方法

本书以控股股东特质与所有者财务理论作为主要的理论基础，以 2011 年进行了并购的公司为研究样本，对并购行为与绩效进行对比研究，研究方法如下：

（一）规范研究方法

在对国有上市公司与民营上市公司的并购行为以及提高并购绩效的对策进行研究时，使用的就是规范研究方法。具体包括对并购动机、并购模式、并购支付方式、控股股东风险偏好的研究，以及对并购绩效提高的对策研究。

（二）实证研究方法

本书在对并购公司与沪深 A 股整体上市公司的绩效进行对比以及对国有与民营上市公司的并购绩效对比时，采用实证研究方法。首先采用财务研究法、主成分分析法以及事件研究法，计算各公司的相对绩效得分，并对两类公司的平均绩效得分以及并购公司与沪深 A 股整体上市公司的平均绩效得分进行对比研究；其次用 Tobin's Q 值法对实证结果进行检验。通过对比发现国有控股上市公司的绩效略差于民营控股上市公司的绩效。在对产生差异的原因进行分析时，从控股股东特质的角度，采用了描述性统计、指数模型设计和多元回归分析等方法。产生差异的原因包括并购决策的自主性程度、并购动机、并购模式、并购支付方式、控股股东风险偏好等方面。另外，通过构建控股股东对管理层控制力指数、效率指数和整合风险指数对影响并购绩效产生差异的原因进行进一步的验证。

（三）比较分析方法

本书对绩效进行对比分析，包括并购公司与沪深 A 股整体上市公司绩效的对比、国有上市公司与民营上市公司之间的绩效对比。研究过程主要采用财务研究法、主成分分析法、Tobin's Q 值法和图表对比等分析方法。

第四节　核心概念间的逻辑关系与技术路径图

一　核心概念间的逻辑关系

想要厘清本书核心概念之间的逻辑关系，最根本的是要厘清控股股东特质概念与并购绩效之间的逻辑关系。如前文所述，控股股东特质概念是在所有者财务理论的基础上发展而来的，特质是股东特点、性质、行为能力和风险偏好等的综合词，因此，控股股东特质就是控股股东的特点、性质、行为能力和风险偏好等的综合词。根据所有者财务理论的内容，不同的所有者（股东）进行的财务行为是不同的；不同性质的股东，其财务行为能力也存在差异。控股股东行为能力的强弱，其实可以通过企业内部人控制程度和代理成本的高低来反映。企业内部人控制程度和代理成本较高，反映出其控股股东的行为能力较弱。

相对于民营上市公司来说，国有上市公司更容易出现内部人控制，因为国有上市公司的国有产权主体缺位，导致信息不对称和控制成本增加，剩余控制权与剩余索取权不匹配等。就国资委来说，其是代表国家对国有资产行使所有权，一方面，由于其是行政管理机构，并不是专业的资产管理公司，且国有资产最终都是通过这一个机构进行管理，因此其对国有公司，尤其是央企进行管理的专业能力有所欠缺；另一方面，由于其并不是国有资产的最终所有人，因此它对国有资产管理的盈利动机并没有实际所有人那么强。这两方面的因素也导致了国家对公司经理人员的监督不足。另外，国有公司普遍存在内部治理结构不健全的问题，如股东大会流于形式（体现在国有控股或参股公司中）；董事会存在不规范现象；部分公司的监事会形同虚设，内部治理结构不健全。上述原因都是导致内部人控制程度和代理成本较高的主要原因。本书通过实证研究，也证实了国有控股上市公司的内部人控制程度相对较高，反映出国有控股股东的行为能力相对较弱。

具体到控股股东的并购行为，作为所有者财务行为之一，其与其他的所有者财务行为一样，都受不同控股股东特质的直接影响，即不同的所有者（股东）进行的并购行为是不同的；不同性质的股东，其并购行为能力也存在差异。企业的并购行为就是由企业的所有者进行财务决策时，将所有者的筹资额用于并购其他企业或资产，或用从企业经营者处收缴的收益进行兼并与收购。如前文所述，作为财务行为之一的并购行为，既包括并购过程中的行为，如并购模式的选择、并购支付方式的选择、并购风险偏好的选择、并购后的整合行为等，也包括引起并购的并购动机，以及并购行为产生的结果——并购绩效。这些并购行为都受到所有者特质的影响。

具体的影响机理如下：

（1）并购动机影响并购绩效的机理。国有控股股东进行并购决策时，一般具有一定的行政目的。如调整国有经济布局结构、培养具有国际竞争力的大型企业集团、拯救亏损企业、实现地方政府政绩和增加税收、保持就业率、维护稳定等。这些动机导致国有上市公司的并购绩效进一步下降。

（2）并购模式影响并购绩效的机理。在并购模式的选择上，本书通过实证研究对国有企业与民营企业进行了对比，发现采用资产收购并购模式的，国有企业比民营企业高出 6.45 个百分点；采用股权转让并购模式的，民营企业比国有企业高出 6.45 个百分点。因此，相对来说，民营上市公司相对偏好于选择股权转让并购模式。经过统计发现，股权转让模式的绩效更好，从而得出并购模式的选择偏好影响并购绩效的机理。

（3）控股股东风险偏好程度对并购绩效的影响机理。本书通过实证分析，发现国有公司的资产负债率相对较高，因而国有控股股东并购风险偏好更强，风险较大，也可能导致并购绩效较差。风险偏好的差异最终也是通过并购绩效体现出来的。

（4）并购整合程度对并购绩效的影响机理。本书通过实证和构建并购整合风险指数，得出国有控股上市公司并购整合风险指数较高的结论。并购整合风险高、速度慢、效率低，直接影响了并购绩效的高低。

综上所述，股东特质对并购绩效的影响机理如下：股东特质不同影响并购动机不同，继而影响并购行为模式产生差异，影响控股股东对并购风险偏好产生差异，导致并购整合的效率产生差异，最后这些差异通过并购绩效差异体现出来。

本书在控股股东特质理论的基础上，根据控股股东的不同性质，将控股股东分为国有控股股东与民营控股股东，并采用财务研究法、主成分分析法和事件研究法，对比研究不同性质的上市公司之间并购绩效的差异。通过对二者并购行为能力的差异（包括内部人控制程度差异、并购动机差异、并购模式差异、并购风险偏好差异）来解释绩效的差异，同时构建指数模型再度检验绩效的研究结果，最后提出相关的对策建议。

二　技术路径图

具体的技术路径如图 1－1 所示。

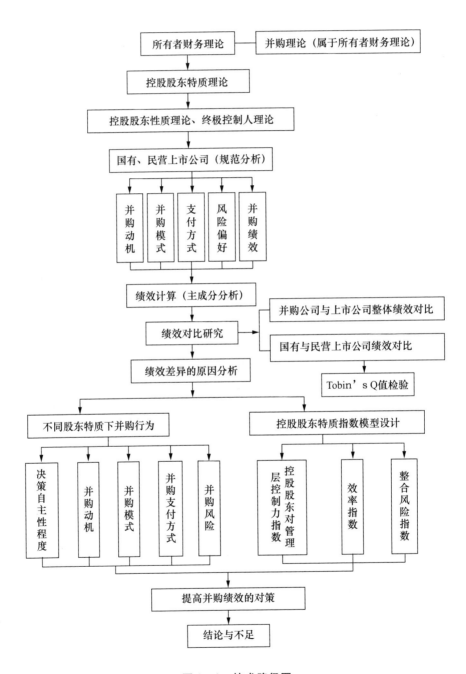

图 1-1　技术路径图

第五节 本章小结

本章对选题研究的背景、国内外并购的发展史、并购存在的困惑以及中国上市公司所有者的特殊性进行了概述，并对本书的研究思路、文章框架，以及研究的方法、目的、意义等进行了说明。

第二章 控股股东特质相关理论

"控股股东特质"理论是在"所有者财务"理论的基础上被提出来的。本章将主要介绍所有者财务理论、控股股东特质理论、终极控制人理论与内部人控制理论等相关理论。

第一节 所有者财务理论

20世纪90年代中期,会计界对财务理论的研究,在以往的经营者财务的基础上向所有者财务方向拓展。最早对所有者财务进行分层研究的是老一辈财务学家郭复初教授。其在1988年提出了社会主义财务体系,主要包括国家财务、部门财务和企业财务,这在会计理论界是一个重大的创新。受此理论启发,干胜道在其论文《所有者财务:一个全新的领域》中,提出了所有者财务理论,并在经营者财务的基础上,对所有者财务理论进行了全新的阐释,这就是学界的"财务管理二层次论"(1995)。在提出此理论后,干胜道又在其随后的系列论文和专著中形成了关于所有者财务较为严密的理论体系。①

所有者财务的提出背景是公司出现内部人控制现象后,为了监督、调控和制约内部人控制的局面,而提出的与经营者财务学平行

---

① 干胜道:《股东特质与企业财务行为研究》,西南财经大学出版社2011年版,第1—7页。

存在的一门学科体系。与经营者财务学一样，所有者财务也具有完整的内容体系，包括筹资、投资和利润分配。首先，所有者要进行企业的投资决策，必须要确定筹资的渠道，比如国家所有者就可以以发行国家财务债券、利用国外资本、发行股票、银行贷款等方式进行融资；其次，所有者在筹资后要进行投资，其要选择适当的经营者来经营企业，所有者的主要任务是激励和约束经营者，其与经营者之间的界限必须划清，双方按照公司法、公司章程来规范各自的权利义务，不得越界越位犯规；最后，经营者通过运营企业，创造收益，所有者必须决定将收益进行积累、消费或用于股利发放等。

杜胜利于 1996 年第一次对所有者财务理论进行了引用①。1997年，汤谷良等进一步拓展了公司财务管理理论，并将财务管理理论分为出资者财务、经营者财务、财务经理财务等。这个"三层次论"与干胜道的"二层次论"本质上是相同的。随后，赵德武教授提出了另一种"三层次论"，即债权人财务、出资者财务与企业财务。除此之外，业界其他的学者也对此理论进行了深入的探讨，如王建星（1998）② 提出所有者财务应分为国家终极层面与国有资产授权投资层面；罗飞等也认为，应该将所有者财务管理理论提升至国家对国有企业的财务管理层面。

随着对该理论研究的深化，"二层次论"与"三层次论"逐渐发展成为"五层次论"。如李心合的"五层次论"包括了外部利益相关者财务、经营者财务、职能部门财务、分部财务和员工财务。由此可见，所有者财务理论的提出和发展促进了中国财务理论的发展。由于该理论的提出和发展历经了一个逐步完善的过程，国内各学者就该理论进行了多次争论。第一场争论发生于 1998—1999 年，第二场发生在 2001—2002 年，第三场发生在 2003 年，第四场发生

---

① 杜胜利：《现代企业制度下的公司产权资本管理》，《会计研究》1996 年第 8 期。
② 王建星：《现代企业制度下财务管理问题探讨》，《财会月刊》1998 年第 7 期。

在 2005—2006 年。每场争论的主题各不相同，第一场争论主要是由解群鸣和伍中信发起的，他们的观点为所有者财务没有特殊性，财务的精华在所有者财务上，财务分层研究意义不大。第二场争论由伍中信发起，其认为：财务主体的二元性，会使出资者损害其他利益相关者的利益。第三场争论主要由杨君伟发起，其认为所有者财务出现的条件是只有当经营者经营不善时，其观点可被称为"动态财务主体观"。① 第四场争论的主题是财务主体二元性还是财权主体多元性，王跃武就是财权主体多元性的代表人物。②

在这几次争论中，所有者财务论者对上述观点一一进行了辩驳，客观上促进了该理论进一步的发展，并拓展了研究范围。2011 年，干胜道将所有者财务学进行了扩展，提出了股东特质理论，并将该理论与所有者财务理论结合起来进行研究，研究的领域包括股东特质对企业财务行为的影响；股东特质与劳资财务关系；股东特质与社会责任承载；股东特质、盈余管理与控制权转移；股东特质与收益分配；股东特质与上市公司扭亏；国有控股与财务监督；控股股东特质与上市公司并购行为研究，等；所有者财务理论获得了发展并日趋完善。

第二节　控股股东特质理论

所谓控股股东，是指掌握公司控制权达到一定比例，能够左右股东会和董事会的决议，从而可以控制公司局面的股东。控股股东有广义和狭义之分，狭义的控股股东仅指公司第一层面的直接控制人，一般为公司的第一大股东。在这种情况下，如果公司发行的股份全部是具有表决权的股份，则控股股东对公司的所有权和控制权

---

① 杨君伟：《动态的财务主体观》，《财会月刊》2002 年第 9 期。
② 干胜道：《财务分层理论发展述评》，《会计之友》2005 年第 4 期。

比例是相等的。然而，在很多情况下，投资人可以通过诸如多层持股、交叉持股、金字塔结构和其他特殊的合约安排，通过复杂的控制链条间接控制上市公司，本书把这类股东定义为公司的间接最终控制人。

根据上述所有者财务理论的内容，不同的所有者（股东）进行的财务行为是不同的；不同性质的股东，其财务行为也是有差异的。如控股股东与小股东，由于控股股东是公司资本的主要筹资者，因此其对公司具有投资决策权和分配权，但是小股东对此并无决策权。再如国有性质的控股股东，其财务行为一般带有一些行政目的，如确保资产保值增值、解决社会就业问题、维持社会稳定、增加国家的税收等；而民营性质的控股股东，其财务行为的目的就是尽量实现资产的增值，使企业持久发展，获取高额回报等。因此，所有者的特质不同，会导致其财务行为产生差异。

股东特质概念，是由干胜道教授在所有者财务的基础上于2011年提出的。现实中存在一种现象，即不同特点和性质的所有者，其所实施的财务行为存在差异，甚至有些还存在着本质的差别，因此所有者财务论者就提出了"股东特质"的概念，并将其与所有者财务进行有机结合。特质（Traits），是指用来描述个人人格特点的描述词。借用心理学的术语，特质是决定个体行为的基本特性，是构成人格的基本元素，也是评价人格的基本单位。特质是一种可表现于许多环境的、相对持久的、一致而稳定的思想、情感和动作的特点，它能够体现一个人人格的特点和行为倾向。特质是特点、性质、行为能力、风险偏好等的综合词①，其是个综合的、系列的概念。股东特质就是不同的股东具备的特点、性质、行为能力及效率、风险偏好等的综合词。国外的股票市场是全流通的，而我国则存在多种类型的股东，如国家股、国有法人股、社会法人股和流通

----

① 干胜道：《股东特质与企业财务行为研究》，西南财经大学出版社2011年版，第11—12页。

股的股东等，其行为存在着明显的差异。

由上述股东特质的概念可知，股东性质特点只是股东特质的一种表现形式。股东性质特点的差异，只是股东特质存在差异的一个方面，股东特质的内涵还包括了在不同的股东性质特点条件下，股东所表现出来的行为特征。因此，可以将股东特质表述为一个综合式，即"股东特质 = 股东性质特点 + 股东行为能力 + 股东风险偏好"。股东特质理论必须以股东性质概念为前提。

一 股东特质、股权性质与股东性质

股东特质概念被提出前，资本市场已经出现了股权性质概念。迄今为止，关于股权性质的定义尚存在争议，主要的观点包括所有权说、债权说、社员权说、独立权说，等等。根据所有权说相关理论，股权是所有权的一种，法律上属于物权，其权利来自于股东对投入财产所享有的支配权，股权性质即所有权性质。具体来说，股权是指股份制企业投资者的法律所有权，以及由此而产生的投资者对企业拥有的各项权利，包括自益权和共益权。从经济学角度看，股权是产权的一部分，即财产的所有权，而不包括法人财产权。投资者根据股份公司组织形式，认缴股票的种类、数额和对公司所负的有限、无限责任而享有的一定股权，诸如经营管理权、监督权、表决权、红利分配权等决策权。主要是通过购买股票和资本的"参与"，掌握股份公司一定数额的股份，以控制操纵其经营业务的决策权限。按照企业股权持有者对企业的影响程度，一般可以将企业的股东分为三类：控制性股东、重大影响性股东和非重大影响性股东。控制性股东将有权决定一个企业的财务和经营政策；重大影响性股东则对一个企业的财务和经营政策具有参与决策的能力，但并不会直接起到决定性的作用；非重大影响性股东则对被持股企业的财务和经营政策几乎不会产生什么影响。

债权说则认为，股权的实质是民法中的债权，随着现代公司的发展，管理者逐步取代股东享有公司实际上的支配权和日常活动控制权，最后股权演变为以股利分配为条件的剩余债权。1875 年，德国学者 Penaud 提出了股权性质的社员权说，该学说把公司等微观经济主体看作是营利性社团，股东作为社员享有该社团的种种权利，这种权利性质即股权性质。独立权说则认为股权是不同于所有权和债权的一种特殊权利，这种权利性质特征也不是物权、债权和所有权等的简单叠加。

股东性质就是按照控股股东主体身份，对股权性质的划分。股东性质可以分为以下几种：

根据股东享有的权利不同可将其划分为普通股股东和优先股股东；根据股东是否人格化将其划分为自然人股东和法人股东；依据股权是否能自由转让，可以将股东分为股权自由转让型股东和股权转让受限制型股东；按照投资与投机的目标不同，可将其分为投资型股东和投机型股东；等等。在我国还有一种特殊的分类方法，即按照股权的归属标准，将股东分为国有股东和非国有股东（民营股东）。

性质不同的股东，会表现出不同的特质，对受资公司关注的侧重点也不一样。比如，国有股东由于其注资的企业具有国家所有的性质，则其在关注受资企业的资本利得的基础上，更为关注企业能否完成利税的上缴、能否解决就业问题、能否实现产业的整合等宏观目标的实现；而非国有股东则更为关心企业能否实现预期的资本利得等。

股东特质概念就是在股权性质和股东性质的概念基础上发展起来的，但是股东特质的概念范畴比股权性质和股东性质更宽。股东特质包含了股权性质的概念，其是在股权性质以及对上市公司按股权性质进行分类的基础之上，研究不同种类上市公司控股股东的特点、行为能力、风险偏好等。本书就是对性质不同的公司的控股股东在并购行为中的不同特质进行研究，具体来说，本书按照股权的归属标准，将样本公司划分为国有控股上市公司和非国有（即民营）控股上市公司，并利用实证研究的方法，对这两类公司控股股东在并购行为中的不同特质进行研究，分析并购绩效差异产生的原因，并提出相应的对策。

二　股东特质与财务行为

股东的权利体现在几个方面，如经营者选择权、重大决策权、收益获取权、财务监督权、剩余财产分配权、转让股票权等。根据股东特质的概念，即特质是特点、性质、行为能力、风险偏好的综合词，可以说不同特质的所有者，其权利的实现方式和相应的财务行为特点、行为能力、风险偏好都不同。比如，国有控股的上市公司，控股股东在对经营者的选择方面主要采用的方式是行政任命；另外，由于存在所有者虚位的特点，其对财务的监督会比较松散。民营控股上市公司的经营者选择，主要通过经理人市场进行选择；对财务的监督也会比较严格。并购行为就是一种所有者财务行为，控股股东的特质不同，则会产生不同的并购行为。

三　财务行为与并购行为

行为是生物适应环境变化所做的行动和作为，具有目的性。对人而言，行为受主、客观因素影响，受主体意识支配，有相应的心理活动，在人们从事经济活动时，行为受到主体风险偏好、行为能力、思考能力等制约。[①] 财务行为，无论是经营者财务行为还是所有者财务行为，都包括筹资、投资、分配、预算、控制、评价等，均会受到主体的心理、风险偏好等的制约。在所有者财务体系中，筹资的渠道有很多，如上文已经提到的国家所有者的财务管理，其在筹资时可以采用发行国家财务债券等方式，而非国家所有者进行筹资时，可以采用发行股票、银行贷款、利用外国资本等方式。投资阶段，所有者要对经营者进行选择，并采取相应的措施激励和约束经营者。分配阶段，所有者要决定收益是用于继续投资还是用作股利分配，或是用于管理层等的消费。

应用于并购行为之上，当企业控股股东的特质不同时，并购行

---

① 干胜道：《股东特质与企业财务行为研究》，西南财经大学出版社 2011 年版，第 11—12 页。

为就将不同。企业的并购行为就是由企业的所有者进行财务决策后，将所有者的筹资额用于并购其他的企业或资产，或用于从企业经营者处收缴的收益进行并购。从本质上说，并购行为是所有者的财务行为之一，不同特质的所有者，其财务行为不同，而作为财务行为之一的并购行为，主要包括在并购动机下的并购模式、并购支付方式、并购风险偏好以及由并购行为产生的并购绩效水平等，这些都是由所有者的特质来决定的。

第三节　终极控制人理论与内部人控制理论

一　终极控制人理论

根据股东特质理论，股东按照其性质分为两大类。现今的《公司法》规定的上市公司年报里，判断股东性质的标准在于公司终极控制人的性质。在资本市场上，控股股东主要包括绝对控股股东和相对控股股东，所谓绝对控股股东，是指控股股东拥有 50% 以上的有表决权的股份，能绝对享有股东各种权利的实施。相对控股股东是指其拥有的股份在 50% 及以下，但仍旧是公司的第一大股东，虽然没有绝对控股的地位，但是其仍能享有各种权利。一般情况下，相对控股股东为不足 50% 股份的第一大股东，也可以是受其他股东委托，合计具有最多投票权的股东。

国内对终极控制人进行系统性研究的学者主要有赖建清、吴士农（2003），宋春霞（2007）等，他们认为终极控制人是上市公司的实际控制人。有几种途径可以实现终极控制人的控制权，一是公司可以发行多种类型的股票，不同股票所有者具有不同的控制权。如普通股股东的控制权就比优先股股东的强。二是金字塔式控股，位于塔顶的就是终极控制人。三是交叉持股，存在交叉持股时，必须厘清公司间交叉所持的股份数，并最终确定股份数额最多的股东。本书结合上述终极股权性质的确定办法来确定终极控制人，上市公司的终极控制人若确定为各级国有资产监督管理委员会、各级国有资产投资管理机构、各级人民政府及其行政机构、中央企业等国有独资企业，则其属于国有控股公司。对于终极控制人不是上述各机构的上市公司，则应将其归为民营控股企业。①

二　内部人控制理论

内部人控制最初是由日本的青木昌彦于1994年提出的，其认为"内部人控制是从计划经济制度的遗产中演化而来的"②。在我国，吴敬琏是最早开始研究内部人控制问题的，其对该课题的研究始于20世纪90年代中期。其研究为："内部人控制指的是一个企业的内部人员——职工和经理事实上具有对投资、利润使用等的控制权。"③随后钱颖一从内部人控制产生的途径进行了研究。此外，还有许多其他学者对内部人控制问题进行了多方面的研究。研究的结果基本上都认为在公司型企业中或多或少都会出现内部人控制问题，这与现代公司的内部治理特征与外部治理环境密切相关。

对于内部人的界定，本书的观点认为：行使公司经理职权的人员都为内部人范畴，具体来说，公司的经营管理人员以及事实上行使经理职权的董事都属于内部人范畴。在中国上市公司中，董事会主席一般都是由最大控股股东担任，甚至也有CEO担任的，兼任CEO的董事会主席也应该纳入内部人的范畴。

在现代公司中，由于企业的外部成员如股东、债权人、主管部门等的监督不力，企业的内部成员如厂长、经理或工人即直接参与企业的战略决策以及从事具体生产经营决策的各个主体掌握了企业的实际控制权。内部人通过对公司的控制，追求自身利益，损害外

---

① 宋春霞：《上市公司终极控制人"两权分离度"概念解读》，《财会月刊》（理论版）2007年第7期。
② ［日］青木昌彦：《对内部人控制的控制：转轨经济中公司治理的若干问题》，《改革》1994年第6期。
③ 吴敬琏：《国有大中型企业公司化改革的难点及对策》，《经济日报》1995年2月26日。

部人利益。在分析转轨国家的公司治理时，青木昌彦指出："在转
轨国家中，在私有化的场合，大量的股权为内部人持有，在企业仍
为国有的场合，在企业的重大决策中，内部人的利益得到有力的
强调。"

内部人控制的具体表现有：在经营管理方面，内部人不履行忠
实勤勉之义务，如经营管理行为的短期化，经营业务上的关联交
易；在财产使用方面，内部人违背不得侵占公司财产之义务，存在
过量在职消费，侵占挪用公司财产，恣意提高经理层薪酬，等等；
在人事任用方面，内部人可能任人唯亲，或"寻租"。当公司出现
内部人控制时，会导致公司的代理成本增加，公司的经济效益下
降，影响公司的可持续发展。

第四节　控股股东特质理论的扩展

根据干胜道在《股东特质与企业财务行为研究》中的观点，特
质是股东特点、性质、行为能力、风险偏好的综合词。在该理论提
出后，学界将此理论与劳资财务关系、盈余管理、收益分配、财务
监督等进行了结合。本书认为，控股股东特质可以通过"控股股东
决策的自主性程度""风险偏好程度""控股股东对管理层的控制力
程度"以及"控股股东行为效率"等指标来衡量。本节将结合并购
行为，详细阐述这些指标。本书第七章将进一步对这些指标进行指
数化设计。

一　控股股东决策的自主性程度

控股股东决策的自主性程度是指控股股东在进行与企业有关的
决策时，受其主观意志影响的程度。如果股份高度集中，第一大股
东所占份额很大，则控股股东决策的自主性程度就高；反之就低。
如上市公司的并购决策是由其股东大会（控股股东）决定的。当控
股股东具有不同的性质，在做并购决策时其"自主性程度"会出现

差异。我国国有上市公司普遍存在着"一股独大"的现象,因此,国有特质下的股东决策自主性程度相对较高。但是,决策的高自主性程度能否为企业带来高绩效,本书将在后面的章节进行实证检验。

由于决策是行为的先导,因此,本书将"控股股东决策的自主性程度"作为控股股东特质的衡量标准之一。

二 风险偏好程度

由上述分析可知,控股股东特质是基于不同的控股股东性质而体现出来的控股股东之间的特点、行为能力及风险偏好差异的综合词。因此不同的控股股东,其风险偏好的程度是不同的。就并购行为来说,主要有并购前风险、并购中风险和并购后风险。并购前和并购中的风险,最终要通过并购后的绩效和风险体现出来,因此,并购后的风险是控股股东特质的终极反映。并购后的风险主要体现于双方企业在并购后管理制度、人力资源、企业文化等各方面的整合风险。风险偏好程度是控股股东特质的表现形式之一,也是控股股东特质的衡量标准之一。

三 控股股东对管理层的控制力程度

控股股东对管理层的控制力程度与控股股东的决策自主性程度是完全不同的概念。本书认为,控股股东的决策自主性程度是从控股股东决策力角度来说的;而控股股东对管理层的控制力程度实际上是从管理层对股东决策的执行力角度来说的。从另一个角度来说,控股股东对管理层的控制力程度可以通过内部人控制的程度来反映。内部人控制力较弱,则说明控股股东对管理层的控制力程度较高;反之,内部人控制力较强,则说明控股股东对管理层的控制力程度较低。不同特质的控股股东,其对管理层的控制力程度不同,如我国的国有上市公司,普遍存在着内部人控制程度较强的现象,反映出国有控股股东对管理层的控制力相对较弱。控股股东对管理层的控制力程度是控股股东行为能力的直接反映,因此将"控股股东对管理层的控制力程度"作为控股股东特质的衡量标准之一。

四　控股股东行为效率

上述决策的自主性程度、风险偏好程度、控股股东对管理层的控制力程度等，都是在特质概念基础上进行扩展，将特质概念由定性分析向定量分析进行转变。衡量控股股东特质的几个指标，可以通过相应的模型和公式进行计算，具体的计算过程将在后面的章节进行详细阐述。对控股股东决策的自主性程度、风险偏好程度、控股股东对管理层的控制力程度进行量化的目的，都是为了区分具有不同特质的控股股东的行为效率，这些指标最终都会通过效率指标表现出来。通过效率的对比，可以反映出上述各个方面的差别。因此，控股股东行为效率是控股股东特质的最终表现。比如控股股东决策下的并购行为，最终都要通过并购绩效来反映并购决策的有效性、风险偏好程度以及控股股东对管理层的控制力效率程度等。

上述四个衡量指标，都是在控股股东特质概念基础上进行的扩展，将特质概念由定性分析向定量分析进行转变。本书的后续章节将对这些指标进行实证检验，并进行指数化设计，从而进一步扩展控股股东特质理论。

第五节　本章小结

本章主要阐述了与控股股东特质相关的理论基础，包括所有者财务理论、控股股东特质理论、终极控制人理论、股权性质理论、财务行为理论以及控股股东特质理论的扩展等。其中，所有者财务理论是起源，控股股东特质理论是所有者财务理论的发展，股权性质理论、财务行为理论以及终极控制人理论与控股股东特质理论相互交叉、相互支撑，共同组成了本书的基本理论基础。

在我国，企业所有者具有一定的特殊性。企业的所有者一般包括法人和自然人，但是在中国，法人还可以分为国有法人和非国有法人。在现实中，国有法人和非国有法人在进行公司决策时（如并购决策），其目标往往是不同的。国有法人在做决策时往往并不单纯地以盈利为目的，通常带有一定的行政目的，如国家安全、产业整合、社会稳定、扶持亏损企业、国有资产保值增值等。因而，在不同的决策动机下产生的决策效果也会存在差异。因此，对不同性质所有者的经济财务行为进行对比研究，找出导致差距的原因及提出相应的改进策略，是符合中国资本市场的特殊国情的，也是非常有必要的。

所有者财务理论就是最早对公司财务进行分层研究的理论。该理论是在郭复初教授提出的社会主义财务体系的基础上提出来的，即学界的"财务管理二层次论"（1995）。与经营者财务学一样，所有者财务也具有完整的内容体系，包括筹资、投资和利润分配等。其后的研究认为，所有者财务行为实际上是受到了所有者的特点和性质影响，因此在此基础上又提出了"股东特质"概念和理论。不同的股东，其特点和性质不同，导致其财务行为产生差异，如国有股东和民营股东，由于他们的特点性质不同，会导致其实施不同的财务行为及获得不同的行为效果。

目前针对控股股东特质理论进行的扩展研究中，将其与公司并购相结合进行研究还属于较新的视角。本书就是以控股股东特质理论为基础，将该理论与并购理论进行结合，研究不同特点和性质的控股股东，在进行并购决策时和实施并购行为时所产生的差异，以及对由此产生的并购绩效的差异进行比较。

本书将股东特质理论与并购进行结合研究，一方面是中国资本市场健康发展的需要，可以促进中国资本市场有效发展；另一方面也是对所有者财务理论的扩展，是中国企业并购研究的新视角。

第三章　并购相关理论及综述

第一节　并购与重组

一　并购的基本内涵

并购的范畴包括狭义并购和广义并购。狭义的并购指兼并（Merger）和收购（Acquisition）；广义的并购除了狭义并购之外，还包括合并、接管、资产置换和资产剥离等行为。

《关于企业兼并的暂行办法》文件中，有对我国兼并进行明确界定的表述。该文件认为，企业兼并是一个企业通过购买其他企业产权并使其他企业丧失法人资格或改变法人实体的行为。[①]

《大美百科全书》中指出，兼并是指两个或两个以上的企业组织组合为一个企业组织，其中一个厂商继续存在，另外的其他厂商丧失其独立身份。[②] 从上述对兼并的描述来看，国内外都将兼并界定为一种吞并行为，兼并实现后被兼并方的法人资格将不复存在，并将成为主并企业的一部分，在兼并过程中，主并企业也必须借助一定的支付手段，如现金购买、股份购买或承担债务等来完成兼并过程中的产权交易。

兼并与合并的概念很接近，根据 2014 年《中华人民共和国公

---

① 程宗璋：《我国企业兼并实务的法律探讨》，《铜陵财经专科学校学报》（综合版）2011 年第 1 期。

② 张洁梅：《企业并购后的知识整合研究》，博士学位论文，河南大学，2010 年。

司法》的规定，公司合并包括吸收合并和新设合并。吸收合并的特征在于被合并的公司解散，合并公司继续存立；新设合并的特征为合并各方不再继续存立，而是被新成立的公司取代，原来各方的债权、债务都由存续公司或新设公司承继。① 上述的吸收合并，实质上与兼并概念可以等同。但根据《关于企业兼并的暂行办法》和《大美百科全书》，不能将新设合并界定为一种吞并行为，因此不能将其与兼并混为一谈。

收购是指一家企业用现金、资产或股票购买另一家企业股权或者资产以获得对后者的实际控制权的过程。收购的特征在于，在收购结束后，目标企业有可能消失，也有可能继续存立。从另一个角度来说，收购实际上是兼并的手段，具体来说可以通过收购股权和收购资产来实现兼并。通过这样的分析可知，企业要完成兼并任务，必须通过收购去实现。当然，收购行为并不一定会带来兼并的后果，当收购使得目标企业法人地位消失时，兼并才会产生。

人们经常把兼并和收购合并后称为"并购"。西方最早对"Merger"进行研究的是 J. H. Thorndike（1903），其在著作 *The Decision in the Merger Case* 中就首次分析了并购的一些实际案例，提出"合并将损坏竞争"，认为应该为并购行为建立法律依据。Willard L. Thorp 于 1931 年首次将 Acquisitions 一词引入了此领域，赋予了其"收购"的意义，并将兼并与并购进行了对比区分。后来人们经常将二者合用，即"并购"（M&A）。

在我国，并购的内涵比较广泛。除了上述的兼并与收购之外，还包括了接管、资产剥离、资产置换等形式。接管与企业股权收购内涵相近，指企业控股股东因出售或转让股权，导致控股权旁落的情形。资产剥离，顾名思义，就是将非经营性的闲置资产或创利能力较弱的以及利用价值较小的资产从企业中分离出去，其

---

① 罗霖、杨建红、崔素青：《企业并购会计处理：权益合并法还是购买法》，《中国包装工业》2007 年第 9 期。

是一种资产交易的行为，不涉及股权交易，不会出现企业控制权的变更与法人资格的变动。资产置换一般发生于母子公司之间，子公司将亏损或微利的资产与集团母公司的优质资产互换，以提高子公司的资产质量和盈利能力，该过程很少涉及股权交易。在我国，并购形式呈现出多样化的特点，并购内涵比较广，因此较多采用广义的并购概念。[①]

二　重组的基本内涵

所谓企业重组，是对企业的各种资源进行重新配置，对经营结构进行调整，构建新的生产模式，使企业在竞争过程中具有较强的竞争力。企业重组的直接动因是企业需要进行经营结构性调整，其本质是对存量资源的重新配置。

企业重组的内涵有广义和狭义之分。广义的企业重组指对企业的各种资源进行重新配置，如业务重组、资产重组、债务重组、股权重组、人员重组和管理制度重组等。狭义的企业重组主要指资产重组，资产重组是企业重组的核心，其是其他重组的基础。

三　企业重组与企业并购的关系

如上所述，狭义的企业重组指的就是资产重组，资产重组是企业重组的核心。企业重组活动的范围很广，重组的形式也多样。美国的 J. 弗雷德·威斯通等合著的《兼并、重组与公司控制》一书对企业重组的类型进行了总结。企业重组的行为模式包括扩张、收缩、公司控制以及所有权结构变更等。威斯通等对企业重组形式的分类如表 3 - 1 所示。

由表 3 - 1 可以看出，威斯通等认为企业并购是扩张型企业重组的一种形式，企业发生了并购，必定发生了重组行为；但企业进行了重组，并不一定是以并购形式出现的。除了并购之外，企业重组还包括了其他很多的形式。

---

① 黄本多：《基于自由现金流量的我国上市公司并购绩效研究》，博士学位论文，四川大学，2010 年。

表3－1　　　　　　　　　　企业重组的形式①

Ⅰ扩张（Expansion）
兼并与收购（Mergers and Acquisitions）
发盘收购（Tender Offers）
联营公司（Joint Ventures）
Ⅱ收缩（Sell－offs）
分立（Spin－offs）
子股换母股（Split－offs）
完全析产分股（Split－ups）
资产剥离（Divestiture）
股权切离（Equity Carve－outs）
Ⅲ公司控制（Corporate Control）
溢价购回（Premium Buy－backs）
停滞协议（Standstill Amendments）
反接管条款修订（Ant takeover Amendments）
代表权争夺（Proxy Contents）
Ⅳ所有权结构变更（Changes in Ownership Structure）
交换发盘（Exchange Offers）
股票回购（Share Repurchases）
转为非上市公司（Going Private）
杠杆收购（Leveraged Buy－outs）

在我国资本市场中，重组与并购概念之间的界限，经历了从明显到模糊的历程，甚至当前一些著作将它们合并通用。在早期的论著中，二者的界限比较明显，区别主要表现在并购是重组的一种形式，它能导致重组活动的发生。但其他资产整合方式也能导致重组活动的发生，可见重组要比并购的内涵更为广泛。并购主要偏向公司股权结构的调整，核心内容是"股东准入"；重组主要偏向公司资产、负债和业务的调整，核心内容是"资产业务准入"。随着资

① ［美］J. 弗雷德·威斯通等：《兼并、重组与公司控制》，经济科学出版社1999年版。

本市场的建立和发展，直至后来出现了以股权类证券作为交易支付手段后，两类"准入"便可通过一项交易同时实现。在此背景下，二者之间的界限逐渐模糊，甚至很多著作也将它们通用。目前，人们经常把我国的并购重组活动分为收购重组、股权转让、资产剥离和资产置换以及它们之间的组合。由于本研究的并购数据均来自国泰安数据库，因此将借鉴国泰安数据库中的标准对并购类型进行分类。

第二节　并购动机理论

并购动机即并购驱动力或并购目的，指主并企业对目标企业进行并购的目的和驱动力。由于各国的国情存在差异，因此我国企业的并购动机与国外企业的并购动机存在着一些差异，以下将对其进行详细归纳。

一　国外企业并购动机理论研究综述

很多理论可以对企业并购的动机进行解释。如詹森于 1986 年在其论著《自由现金流量的代理成本、公司金融与接管》中论述了企业自由现金流量的增加是促使企业进行并购的动因之一，但在此动机下的并购绩效普遍不佳。威廉姆森（1979）等提出的不完全契约、交易费用和资产专用性理论也是企业并购的动因。资产专用性是指用于特定用途后被锁定很难再挪作他用性质的资产，若挪作他用则价值会降低，甚至可能会变成毫无价值的资产，不同行业有不同的要素品质、要素结构和特征，即资产具有专用性。因此资产要素在不同行业间的再配置必然涉及一定的费用而产生成本，而通过企业之间的并购，可以降低交易成本，也可以绕开进入壁垒。罗尔于 1986 年提出的自大假说也成为企业并购的动因，即管理者通常会由于野心、自大或过分骄傲而在评估并购机会时犯下过分乐观的错误。加之之前的新古典制度经济学也对并购的动因进行了全面的解释，包括了效率理论、市场势力理论、价值低估理论，以及信息与信号理论等，企业并购的动因理论发展得比较完善。美国的 J. 弗雷德·威斯通（J. Fred Weston，2003）[①] 等对其他学者提出的企业并购的动因进行了全面的总结，如表 3 - 2 所示。

表 3 - 2　　　　　　　　企业并购动因理论

1. 效率理论
A. 差别效率理论
B. 经营协同效应理论
C. 财务协同效应理论
D. 纯粹的多样化经营管理
2. 价值低估理论
3. 信息与信号理论
4. 委托代理理论
5. 自由现金流量假说
6. 市场势力理论
7. 税收理论
8. 再分配理论
9. 投机动机理论

（一）效率理论

效率理论从经济学的角度出发，认为并购可以通过实现规模经济，缩减企业的单位成本，实现税收的节约、财务资源的合理配置，分散风险等，从而提高企业的效率。效率理论认为并购活动具有潜在的社会效应，因为并购能使企业获得某种形式的协同效应。协同效应产生于"当从公司一个部分中积累的资源可以被同时且无

① ［美］J. 弗雷德·威斯通等：《兼并、重组与公司控制》，唐旭译，经济科学出版社 2003 年版。

成本地应用于公司的其他部分的时候"①，这通常包含了管理层业绩的提高或获得某种形式的协同效应。效率理论包括了差别效率理论、经营协同效应理论、财务协同效应理论、纯粹的多样化经营管理等。

1. 差别效率理论

该理论是解释并购的最普遍的动因之一，其含义包括了两个方面的内容：一方面主要是指管理者相对无效率论。该理论认为，并购双方存在着管理能力和效率能力的差异，并购后管理能力将在企业之间进行有效的转移，使得被并购公司的管理效率得到提升。另一方面主要是指管理者绝对无效率论，该理论指企业存在不称职的管理者，几乎任何其他人都可以做得更好，只要更换当前管理者就会提高管理效率。正是因为存在管理效率的差别，并购会给企业带来利益，也会带来社会效益，因而整个社会经济的效率水平将由此类并购活动而得到提高。在差别效率理论中，收购公司的管理方力图弥补被收购公司管理人员的不足，并且在被收购公司的特定业务活动方面的经验较为丰富。管理者相对无效率论很可能成为横向并购的理论基础，管理者绝对无效率论则可能为从事不相关业务的公司间的并购，即混合并购提供理论基础。

该理论其实隐含了两个前提：第一个是主并公司具有过剩的管理资源，且释放这些资源的成本较高；第二个是被并购企业无法在短期内通过雇佣的方式组建一支有效的管理队伍。满足这两个假设前提的企业，就可以以并购的方法来提升管理效率和社会效率。

2. 经营协同效应理论

经营协同可以通过横向、纵向或混合并购来获得。建立在经营协同基础上的理论假定在行业中存在着规模经济，并且在合并之前，公司的经营活动水平达不到实现规模经济的潜在要求。例如人

---

① ［英］安德鲁·坎贝尔等：《战略协同》，任海通译，机械工业出版社 2000 年版。

员、设备、企业的一般管理费用等，当其平摊到较大单位的产出中去时，可以相应地提高企业的利润率。因此，在制造业中，对厂房及设备的大量投资产生了典型的规模经济。把一家业已存在的组织机构兼并的一个潜在问题是如何把该组织机构中好的部分同本公司各部门结合与协调起来，而去除那些不需要的部分。另外，将同行业中处于不同发展阶段的公司联合起来可能会获得更有效的协同效应，甚至不同行业公司间的并购活动也会因为经营协同效应而发生。

3. 财务协同效应理论

财务协同效应是指企业间通过并购，实现税收的节约、财务资源的合理配置、营运资本占用减少、现金流波动率降低、融资成本下降、举债能力提高等财务增效作用。[①] 并购的财务协同效应具体表现为：首先，通过并购，可以实现合理避税。比如在选择并购目标的时候，选择处于亏损状态的企业，通过盈亏的互相抵销，可以减轻企业现有的税负，达到合理避税的效果。其次，通过并购，企业内部现金流入更为充足，在时间分布上更为合理。并购完成后，规模扩大，融资来源更为多样化。主并企业可以将闲置的资金投向目标企业具有良好回报的项目；得到的投资回报又可以为企业带来更多的资金收益。此种良性循环可以增加企业内部资金的创造机能，使现金流入更为充足，然后通过财务预算在企业中保持一定数量的自由现金流量，从而达到优化内部资金时间分布的目的。再次，并购后企业内部资金流向更具效益的投资机会。混合兼并使得企业经营所涉及的行业不断增加，经营多样化为企业提供了丰富的投资选择方案，企业可以从中选取最为有利的项目。同时，兼并后的企业相当于拥有一个小型资本市场，把原本属于外部资本市场的资金供给职能内部化了，使企业内部资金流向更有效益的投资机

---

① 黄本多：《基于自由现金流量的我国上市公司并购绩效研究》，博士学位论文，四川大学，2010 年。

会，其导致的最直接的后果就是企业投资报酬率和企业资金利用效率得到了显著的提高。复次，多样化的投资必然会降低投资组合风险，因为当一种投资的非系统风险较大时，另外几种投资的非系统风险可能较小，由多种投资形成的组合可以使风险相互抵消。投资组合理论认为只要投资项目的风险分布是非完全正相关的，则多样化的投资组合就能够起到降低风险的作用。最后，并购使得企业的偿债能力和获得外部借款的能力提高。企业并购后，企业资本扩大，破产风险相对降低，且企业并购增加了自有资本的数量。由于自有资本越大，企业破产而给债权人带来损失的风险就越小，同时，合并后企业内部的债务负担能力会从一个企业转移到另一个企业，这就使得负债能力由高能力的企业转移到低能力的企业中，解除了企业融资的门槛和限制。另外，那些信用等级较低的被兼并企业通过兼并，使其信用等级提高到收购企业的水平，减少了外部融资的障碍。而且，并购还会使企业的筹集费用降低。并购后企业可以根据整个企业的需要发行证券融集资金，可减少发行次数，从总体上减少了发行费用。[①]

4. 纯粹的多样化经营管理

并购的另一重要驱动力是并购可以实现多样化经营管理。多样化经营管理虽然会分散对主业的投资经营，但是其也可以分散管理者和其他雇员的风险。企业进行多样化经营的途径主要有内部积累和对外并购，然而在特定的条件下，对外并购速度更快、效率更高，因为内部的发展途径需要企业自身积累多样化经营所需的资源，外部的并购可以通过外部整合实现资源的增长。

效率理论被新古典经济学家们作为解释企业并购动机的主要理论工具。在其后对并购绩效进行深入的实证研究之后，学者们对效率理论产生了一些分歧。巴雷德利（Bradley，1980）通过研究认为

① 李惠敏：《略论企业并购与财务管理的协同效应》，《上海市经济管理干部学院学报》2004 年第 2 期。

并购可以产生明显的协同效应；而弗雷德里克（Frederick，1987）则认为70%的并购并没有产生预期的协同效应；埃贝尔（2000）通过研究认为，协同效应的取得取决于并购双方共享的内容。更多的学者认为，效率理论发挥作用是需要一定的条件的，如当并购双方能满足较好的财务状况、良好的治理结构、宽松的外部经济及政治环境以及公司内部有力的领导能力等条件时，并购才能达到提高效率的目的。

（二）价值低估理论

目标企业价值被低估也是企业进行并购的动因之一。主并企业判断目标企业价值被低估的依据主要包括两个方面：一方面是并购方可能获得了一些内幕消息，这些消息让收购者觉得目标企业的价值被低估了；另一方面是当目标公司的管理层被认为是无效率或低效率的管理者时，其无法使目标企业的经营潜力得到充分发挥，主并公司认为，当并购后替换无效率或低效率的管理层会使得企业的价值有所提升时，目标公司的价值是被低估了。这时进行并购，就可能会使目标公司的效率得到提高。

（三）信息与信号理论

企业双方的成功并购可以为市场传递一系列的信息，即便是并购失败了，被并购企业也会被重新提高估价，此类现象的存在促进了并购动机理论的发展。信息与信号理论的作用机制具体来说有两种形式，一种形式是收购活动会传递给市场这样的信息：该目标企业股票价值被低估，于是市场会对该公司的股票进行重新估价；另一种形式是当并购以要约收购为主要方式时，其收购要约会激励被并购公司的管理层采取更有效的战略，以提高其管理效率，提升企业价值，从而提高市场对该公司股票的估值。

信号的发布可以以多种方式包含在收购中。如公司收到收购要约这一事实可能会传递给市场这样的信息：该公司拥有迄今为止尚未被认识到的额外的价值，或者企业未来的现金流量将会增长。当一个竞价企业用普通股来购买其他企业时，可能会被目标企业或其他各方视作是竞价企业的普通股价值被高估的信号。而当商业企业重新购回它们的股票时，市场又会将其视为这样一种信号：管理层有其自身企业股票价值被低估的信息，则该企业将会获得有利的新的成长机会。

（四）委托代理理论

委托代理理论是过去三十多年里契约理论中研究范围最广、影响最大的理论之一。对于该理论的研究最早可追溯到经济学鼻祖——亚当·斯密，他在《国富论》一书中探讨了委托代理关系。Berle和 Means（1932）开始将委托代理理论应用于企业研究，认为由于所有权高度分散，作为实际控制者，公司管理者并不真正对公司股东负责。Ross（1973）研究认为，当代理人代表委托人的利益进行某些企业决策时，代理关系就将随之产生，并进一步提出委托代理关系是一种契约关系。在这种契约关系下，委托人聘用代理人代表委托人的利益来履行某些服务或实施某些行为。当代理人本身是企业资源所有者时，代理人拥有全部剩余索取权，就会努力经营管理企业，代理人利益与委托人利益相一致，在这种情况下不会产生管理者代理问题；然而，当委托人是企业资源所有者，代理人拥有企业经营权时，由于外部性、信息不对称性等，剩余索取权由所有者控制，代理人工作努力程度与所有者收益成正比，但往往不能满足自身利益，这样代理人利益与委托人利益就有可能会不一致，最终可能导致双方产生利益冲突，于是出现代理问题。

委托代理理论主要有如下基本假设：一是信息不对称与利益冲突，即当委托人与代理人利益冲突且信息不对称时，代理人将会产生"道德风险"与"逆向选择"，利用信息优势损害委托人利益，谋求自身利益最大化；二是合同内容必须是可证实条款（Brockinan & uulu，2009），即委托人不能直接观察代理人行为工作的努力程度，即使能够观察到，也不会被第三方证实；三是合同设计目标是满足代理人参与约束与激励相容约束条件的同时，最大化委托人利益（杨瑞龙，2005）。Eisellhardt（2003）将委托代理理论归纳为以下几个方面：核心观念，即如何决定最有效契约规范委托人与代理人的代理关系；分析单位，即委托人与代理人签订的契约；行为假设，即自利动机、有限理性、风险趋避；组织假设，即组织成员间存在着目标冲突，效率是衡量组织效能的指标，委托人与代理人之间信息不对称；信息假设，即将信息视为可购买商品；契约问题，即道德风险与逆向选择；问题范畴，即探讨委托人与代理人之间目标不一致和风险偏好的代理关系。

代理问题可以通过一些组织和市场方面的机制得到有效的解决。法玛和詹森（1983）假设当一家公司的特征是所有权和经营管理权相分离时，该公司的决策体系（创立与贯彻）也将从决策控制（批准与监督）中分离出来，以限制代理人个人决策的效力，从而避免其损害股东的利益。控制职能由股东选出的董事会来执行，它包括董事资格、并购和新股发行等重大决策方面拥有审批权。许多报酬安排和管理者市场也可以使代理问题得到缓解。公司可以通过诸如奖金和执行股票期权等方式将管理者的报酬与经营业绩联系在一起。但目前，我国资本市场的特点，以及我国上市公司存在的一些结构特点，使得公司治理效率普遍不高，尤其是通过改善内部治理机制来提高公司治理效率的方法还存在诸多限制；此时，并购作为公司治理的外部机制，其可以通过相应的作用机制来提高我国上市公司治理的效率。并购为这一问题的解决提供了最后一个外部控制手段（曼尼，1965），其通过要约收购或代理权之争，可以使外部管理者战胜现有的管理者和董事会，从而取得对目标企业的决策控制权。曼尼强调说，如果公司大管理层因无效率或代理问题而导致经营管理滞后的话，公司就可能会被接管，从而面临着被收购的威胁。

（五）自由现金流量假说

在上述代理成本的基础上还产生了自由现金流量假说。该假说最早是由詹森于1986年提出的。詹森将自由现金流量定义为超过所有投资项目资金要求量的现金流量。詹森认为，管理者与所有者之间存在冲突，如股东倾向于选择将自由现金流量用于股利支付。但将自由现金流量用于支付股利则降低了管理者所控制的资源量，削弱了他们的权力。Stulz（1990）研究发现经理人对外投资行为与企业所持有的现金流量数量有关，经理人对现金流量越敏感，那么他们使用剩余资金的动机就越大，Stulz 把这种现象称为投资—现金流敏感性，并通过建立模型进一步验证了这一问题：自由现金流量相当于"催化剂"，促使经理人盲目投资行为的概率上升。Pawlina 和 Renneboog（2005）对英国上市公司进行研究时也对 Stulz 的观点表示赞同。Wei 和 Zhang（2008）利用东亚八个国家的财务数据为样本研究发现，若大股东能够持有现金流权则可以降低这一敏感性；反之，大股东越是主动放弃或者被动失去企业的现金流权，那么经理人对现金流量的敏感性就会越高。

根据该假说，如果将自由现金流量用于对其他公司的并购，则既可以满足管理层扩大企业规模的需求，又可以满足股东对长远利益追求的需求。因此，进行并购是企业合理利用自由现金流量、降低代理成本的重要举措。

（六）市场势力理论

提升市场力量是并购的又一重要驱动力。主并企业通过对目标企业的并购，可以超越甚至消除市场竞争对手，达到扩大规模、实现规模经济、获得并购收益的目的。但是，并购也可能会产生垄断。并购效果应该将规模经济引起的效率提升与垄断带来的负面影响进行对比。如果并购导致行业过度集中，并购收益来自于垄断，则这是有损于社会整体福利的效益。

（七）税收理论

一些并购活动可能是出于税收优惠方面的考虑。并购活动可实现合理避税主要因为并购可能会通过消除税收方面的损失而促进更有效率的行为。如通过并购，被并购企业的税收可能会转移到主并企业，目标企业的股东也可能因为并购而得以延迟支付资本利得税。当确定目标企业的股东需要支付资本利得税的话，主并方支付给股东的收购价格也必然会高一些。因此，合理的避税也是企业进行并购的动机之一。

（八）再分配理论

再分配理论认为，并购可能是为了实现公司的利益在利益相关者之间进行再分配而做出的行为。在这个过程中，公司的并购活动可能并没有创造出价值，所实现的可能只是价值在各利害关系人之间进行转移和再分配，必须有部分人做出牺牲。

（九）投机动机理论

该理论是以法玛（Fama，1965）提出的"有效市场假说"理论为基础的。"有效市场假说"理论假设市场的参与者都是理性的，人们一旦发现市场中存在着套利机会就会进行投机活动。在"有效市场假说"理论的基础上，戈特（Gort，1969）提出了经济失调并购论。该理论认为，由于经济失调等原因，技术和股价的变动使得投资者很难根据以往的信息对公司未来的价值做出准确的判断，而不同的投资者对相同的股票会做出不同的判断。因此，当股价变动频繁时，就会为投资者提供很多的可乘之机，而此时的并购活动将显著增加，从而获得超额利润。

上述的各种理论就是目前西方学者对并购的动机所进行的较为全面的阐述，并购活动就是在各种驱动力的影响下进行的，并购动机的不同会产生不同的并购行为和并购绩效。上述并购动因理论实际上是建立在几个假设基础之上的。如企业利润最大化或股东价值最大化假设；市场机制不完善假设；委托代理理论假设等。这几类并购动因理论的假设基础都不同，其均只能对某类型的并购活动做出较好的解释。并购是一项关系到企业长远利益的投资决策，因而企业在进行并购决策时，包含了各种动因，故而单一的并购动因理论并不能对并购做出全面的解释。因此，在分析并购活动时，应找出并购的主要动因，而不能一概而论。

二 我国企业并购动机理论研究综述

中国企业并购动因既有与西方国家企业相似之处，也存在一些具有中国特色的企业并购动因。我国企业并购动机主要体现在以下几个方面：

（一）通过并购消除亏损的"扶贫"动机

一些企业（特别是国有企业）发生亏损后，会导致就业率下降，政府税收减少，甚至会带来社会治安等一系列问题。因此，政府主管部门出于消灭亏损的目的，会干预和推动企业之间的合并。通过并购，整合优质资源，带来主并公司的先进经营理念、高效的管理方法等，从而将亏损企业嫁接到优质企业身上。

（二）低成本扩张动机

企业从诞生开始，便面临着生存与发展的挑战。如何使一个企业在短期内迅速发展壮大？低成本扩张无疑是其首选的发展方式。低成本扩张中，并购低效、亏损企业是最直接最快速的扩张方式。近年来很多企业集团通过并购不仅挽救了亏损企业，也实现了自身的迅速发展。

（三）赶超式扩张动机

虽然改革开放和资本市场建立以来，中国经济总量已进入世界前列，但是，就单个企业来说，与世界大企业集团相比还存在着很大的差距，特别是与世界500强相比，不管是企业资产总和，还是经营模式与管理经验，都存在着一定的差距，这导致了我国的许多企业形成了一种强烈的紧迫感。因此，不少学者、企业集团和政府部门认为，对外进行扩张是迅速扩大企业规模、使企业较快进入世界级大企业行列的手段之一。

（四）追求多元化经营动机

目前，不少企业集团为了迅速扩张，以及分散产业集中的风险，不仅在本行业进行了大量并购，而且还涉足了新的行业并购。并购是企业进行多元化经营的最快捷的方式。一些集团通过并购进行多元化经营，可以扩大规模抢占市场份额，另外，通过并购也可以多方面发展利润增长点，降低集中经营的风险。

（五）调整经济结构、优化资源配置动机

多年来，特别是2008年金融危机以来，一些地方政府及企业为了刺激国内经济的发展，或者为了体现政绩，出现了大量的重复建设，各种经济和资源结构失调的现象。由于在一定时期内，资源有限性的特点使得经济结构调整一般都是通过对经济增量进行再分配来进行的，所以，当增量一定的情况下，企业之间的并购就成为优化资源配置、调整经济结构的主要方式。

（六）企业管理阶层利益动机

在我国，企业（尤其是国有企业）的管理层很多都是通过上级主管部门直接任命，在任期间，只要企业效益好、政绩显著，企业经理等就有可能得到提拔和重用。企业并购后可实现资产规模、销售额、利税总额等这些绝对数指标增长，这些指标的增长使得经理层的短期政绩显而易见，因此，企业管理层有着强烈的进行企业并购的欲望。

（七）"买壳"上市动机

非上市公司可能会通过股权受让、资产收购、重组等方式以控制这些"壳"资源，这就是通常所说的"买壳"或"借壳"上市。一般情况下，非上市公司只是为了获得"壳"公司的上市资格，获得融资渠道，而对目标公司的实际资产质量与经营业绩并不是十分重视。因此，非上市公司通过"买壳"达到上市的目的，这也是企业并购重组的一大动机。

（八）资产置换动机

资产置换是指上市公司控股股东以优质资产或现金置换上市公司的呆滞资产，或以主营业务资产置换非主营业务资产等情况。资产置换的过程包括整体资产置换和部分资产置换。进行资产置换后，可实现公司产业结构的调整，并改善资产状况。①

中国经济体制的特殊性，使得上述我国企业的并购动机也具有一些特殊性。尤其是通过并购消除亏损的"扶贫"动机、赶超式扩

---

① http：//baike. baidu. com/link？ url = FbRVVIdXf_ OhhYpZa4hhzuw7sRT3a09I Kwgt-WVy aIbvdvWdxJ9ONPlRgNctkEWEaayUXdMGUE1y8hChFgM0GZ_ ，2015 – 05 – 15/2015 – 07 – 05.

张动机、企业管理阶层利益动机和"买壳"上市动机，体现了中国国有企业的并购特点。另外，由于我国公司按照控股股东性质的不同，分为了国有上市公司和民营上市公司，这两类公司的并购动机也存在着较大的差别，后续章节将进行详细介绍。

第三节　并购模式理论

并购模式是并购过程中，主并方所采取的具体方式。传统的并购模式主要有兼并、联合、接管、托管和收购等；现代的并购除了上述模式外，还增加了公司分拆、公司控制、股权结构调整、杠杆收购和管理层收购等。西方学者对企业重组模式比较普遍的划分方法正如前面提到的四大类：扩张型、收缩型、公司控制型和所有权结构变更。本书的实证样本数据主要是取自国泰安数据库和锐思数据库，在对并购模式进行分类时，借鉴国泰安数据库中对并购模式的基本分类方法。根据国泰安数据库，本书将并购分为资产收购、资产置换、新设合并和吸收合并、资产剥离、债务重组、股份回购、股权转让等模式。现将分别对这些并购模式进行阐述。

一　资产收购

资产收购是指一家公司以有偿对价取得另外一家公司的全部或者部分资产的民事法律行为。在该模式下，交易的标的是目标公司的资产。资产收购的目标企业不受企业类型的限制，目标企业也没有义务对其经营状况进行全面的披露。资产收购一般不会遭受目标企业或负债的损失，可以减少目标市场的竞争对手。在实务中，资产收购有新设并购和直接并购两种具体的操作模式。比较而言，新设并购是一种比较好的模式，但是该模式也有一些缺点，比如其一般需要履行新公司设立和受让资产两个法律程序；在多数情况下，出让公司需要履行清算程序，税负比较重等①。

二 资产置换

资产置换是指上市公司控股股东以优质资产或现金置换上市公司的呆滞资产，或以主营业务资产置换非主营业务资产等情况，包括整体资产置换和部分资产置换等形式。当资产置换涉及国有资产或国有股份时，则需要经过国家相关部门的审批。在各类并购方式中，资产置换是速度最快、效果最明显的，普遍使用的一种方式。

进行资产置换时要注意以下几点：双方的公允价值和计税价值；换出资产税的处理和换入资产进项税的处理；换出资产在换前的业务处理（比如：换出固定资产要先通过清理）；换入资产的入账价值；流转税和所得税；有关部门的文件等。

三 新设合并和吸收合并

如前所述，根据《中华人民共和国公司法》第九章的规定，公司合并主要有两种形式，分别为吸收合并和新设合并。二者都是指公司之间的合并，但本质的区别在于，吸收合并是合并后目标公司解散，新设合并后则是原来进行合并的各方解散，并新设一公司承继原来各公司的债权、债务。②

具体来说，新设合并，是指两个或两个以上的公司合并后，成立一个新的公司，参与合并的原有各公司均归于消灭的公司合并；新设合并可以通过以下两种方式进行：一是由新设公司以倾向资金购买部分参与合并公司的资产或股份，该部分参与合并公司的股东丧失其股东资格，剩余股东持有新设公司发行的股份，成为新设公司的股东；二是新设公司发行新股，消失各公司的股份可以全部转化为新公司的股份，成为新设公司的股东。在新设合并中，新设立的公司具有新的公司名称，但对消失各公司的全部资产和负债概括承受。是指合并方（或购买方）通过企业合并取得被合并方（或被

---

① 张远堂：《公司并购实务操作》，中国法制出版社 2011 年版。
② 陈蓉：《我国上市公司换股并购对收购公司市场绩效影响的实证研究》，博士学位论文，西南财经大学，2013 年。

购买方）的全部净资产，合并后注销被合并方（或被购买方）的法人资格，被合并方（或被购买方）原持有的资产、负债，在合并后成为合并方（或购买方）的资产、负债。吸收合并的主要形式有：①母公司作为吸收合并的主体并成为存续公司，上市公司注销；②上市公司作为吸收合并的主体并成为存续公司，集团公司注销；③非上市公司之间的吸收合并。

四　资产剥离

从相关文献来看，资产剥离包括广义和狭义两种。广义的资产剥离包括资产出售、股权切离等形式（Cumming & Mallie，1999）；狭义的资产剥离主要指资产的售出。本书认为，资产剥离是指企业将其拥有的资产或持有的其他公司的股权出售给第三方，以获得现金、股票或其他报酬。资产剥离后，该企业将丧失对这部分资产的控制权，从而可以获得资金或股权，使公司的资源配置得到优化。当然，资产剥离既包括公司内部具有整体价值的资产出售，也包括公司将其持有的其他公司的股权进行出售，出售后控制权便发生了转移。

剥离并非企业经营失败的标志，它是企业发展战略的合理选择。企业通过剥离不适于企业长期战略、没有成长潜力或影响企业整体业务发展的部门、产品生产线或单项资产，可使资源集中于经营重点，从而更具有竞争力。同时剥离还可以使企业资产获得更有效的配置、提高企业资产的质量和资本的市场价值。

五　债务重组

我国企业会计准则（2006）对债务重组的定义为：在债务人发生财务困难的情况下，债权人按照其与债务人达成的协议或者法院的裁定做出让步的事项。也就是说，只要修改了原定债务偿还条件的，即债务重组时确定的债务偿还条件不同于原协议的，均作为债务重组。在会计准则的指引下，我国企业的债务重组主要有九种，具体包括债务转移、债务抵销、债务豁免、债务混同、削债、以非现金资产清偿债务、债务转为资本、融资减债、修改其他债务条件。

债务重组的原则。一般应遵循的程序是核销已经损失或无法收回的资产及损益账户上的借方余额，对资产进行重估价，以确定其对于企业的当前价值。确定企业在不继续融资的情况下是否能够继续交易，或者如果需要进行继续融资，确定所需的金额、形式以及可提供融资的人士。企业按照需要注销债务的规模以及所需融资的金额，确定合理的方式，在为公司提供资金的各方间分散注销的影响。

六　股份回购

股份回购是指公司以现金或其他资产向股东换取部分发行在外的股票①。具体的回购过程为：有限责任公司或股份有限公司通过买回一定数额的已发行在外的股票，从而实现股份的回购。通过股票回购的方式，公司的资本结构会发生一定程度的改变。② 主要方式有用现金，或是以债权换股权，或是以优先股换普通股的方式回购其流通在外的股票行为。国外对股份回购作了普遍的规定，特别是在成熟的资本市场中，股份回购已经成为一项重要的金融活动。我国《公司法》《股票发行与交易管理暂行条例》等法律法规对相关的内容作了一定规定，但实践中还是很少实施。较为典型的实践出现在上市公司减持国有法人股中，如 1994 年陆家嘴就开始回购国有股；1999 年年底，申能股份又成为国有股回购企业；之后，云天化、冰箱压缩、长春高新等也相继以国有股回购方式实施减持。

股份回购的基本形式有两种：一种是目标公司将可用的现金或公积金分配给股东以换回后者手中所持的股票；另一种是公司通过发售债券，用募得的款项来购回它自己的股票。

七　股权转让

根据我国《公司法》的规定，股权转让是公司的股东依法将自

---

① Wansley 和 Fayez 在 1986 年发表的《股份回购与股东收益——特立代尼案例研究》一文中对股票回购的定义。

② 虞政平：《美国公司法规精选》，商务印书馆 2004 年版。

己的股东权益有偿转让给他人，使他人取得股权的民事法律行为。股东通过法定方式转让其全部出资或者部分出资，是股东行使股权经常而普遍的方式。股权自由转让制度，是现代公司制度最为成功的表现之一。随着中国市场经济体制的建立，国有企业改革及公司法的实施，股权转让成为企业募集资本、产权流动重组、资源优化配置的重要形式。

股权转让是股东（转让方）与他人（受让方）双方当事人意思表示一致而发生的股权转移。由于股权转让必须是转让方、受让方的意思一致才能发生，故股权转让应为契约行为，须以协议的形式加以表现。股权转让的种类主要有：持份转让与股份转让；书面股权转让与非书面股权转让；即时股权转让与预约股权转让；公司参与的股权转让与公司非参与的股权转让等。

第四节　并购风险理论

虽然全球经历了五次并购浪潮，我国企业也掀起了数次并购高潮，但是，历史研究表明，尽管并购进行得如火如荼，但是在考虑了融资成本之后，许多并购结果还是不尽如人意。国外和国内的学者们针对公司并购绩效进行了大量的研究，大致而言，其研究结果主要偏向于并购有利于目标公司的股东，对主并方股东是否有益则并无定论。因此，在狂热的并购浪潮后面，我们要看到并购存在的风险。

在现实生活中，风险往往是客观存在的并且是非常普遍的现象，虽然普遍存在，但要从理论角度下一个科学定论界定风险其实并不容易，这就造成了无论是经济学家、决策理论家、保险学者还是统计学家都从各自的本领域出发，界定了不同的风险概念，所以截至目前，尚无适用于各个研究领域一致公认的风险定义。对于风险人们往往理解为"损失或伤害的可能性"或者"可能出现的问题"。

关于风险的定义目前主要有几种代表性的观点，如 A. H. 威雷特认为"风险是关于不愿发生的事件发生的不确定性之客观体现"；F. H. 奈特认为风险是可测定性的不确定性；Webster 认为风险是遭受损失的一种可能性；武井勋认为风险是在特定环境中和特定时间内自然存在的导致经济损失的变化。国内的王玉林和陈慧则认为风险是不确定性因素在决策过程中所表现出的可测度的随机特性；杜瑞甫认为风险是人们因对未来行为的决策及客观条件的不确定性而可能引起的后果与预定目标发生多种负偏离的综合。另外，袁泽沛和王琼的观点是：风险是指某种不利事件发生的概率。

根据上述各位学者对风险的定义，可以归纳出风险具有两方面的内涵：一是风险后果的不确定性；二是风险带来的后果造成损失具有不确定性。而并购风险则是指由于并购方自身有限的能力与实力，并购项目存在的难度与复杂性以及不确定的外部环境致使企业并购目标难以实现。

将上述并购风险理论与并购的内容相结合进行分析可知，并购风险偏好就是控股股东在进行并购决策时，对该公司在并购过程中能承担的风险的种类、数量、大小等方面的基本态度。根据偏好程度基本可以分为并购风险厌恶、并购风险中性、并购风险偏好三种。

本书按照时间的顺序从并购前的风险、并购中的风险和并购后的风险三个方面对并购风险的相关理论进行了阐述。

一 并购前的风险

（一）政策风险

政策风险主要指并购活动及绩效会受到国家经济政策调整的影响，这些为扶持某些产业而制定实施的财税政策，会对相关企业的并购活动产生直接或间接的影响。这些政策的实施，会降低并购行为的市场特性，在一定程度上扰乱了正常的市场竞争秩序，使并购活动的风险性增加。如国家先后出台的对石油、纺织、通信业等产业的调整政策，以及前言中提到的国家出台的针对我国钢铁行业发展的政策，都会影响到企业的并购行为及其绩效。

（二）体制风险

体制风险就是因为经济体制存在不确定性而给并购活动带来的风险。[①] 在我国证券市场上，由于历史和制度方面的原因，企业的股份被区分为流通股和非流通股、国有股和民营股。非流通股不能在市场上自由买卖，其流通转让需经过证监会的批准，而国有股（包括国家股和国有法人股）就是非流通股。非流通的特性会使得该类股东没有足够的动力驱动企业进行并购，并以此提高企业的绩效。

（三）法律风险

并购的法律风险主要表现为：首先，并购行为可能存在着违反《反垄断法》的风险。为了保证市场的竞争，预防和制止垄断对市场带来的侵害，保护消费者及社会的利益，使市场经济健康发展，我国于 2008 年 8 月 1 日开始实施《反垄断法》，这实际上为并购行为设置了一些条件，导致并购行为的风险增加。其次，一些相关法规提高了并购的操作成本。如法律规定收购方在收购了目标公司一定比例的股票后必须公告，此后增加收购数量还必须重复公告，以及发出全面收购要约。这些相关的法律法规加大了并购的成本和风险。

（四）产业风险

产业风险一方面是指由于一国的经济形式、产业发展规律和产业政策发生改变，从而使得产业前景发生变化，或产业发展出现周期性调整使企业的发展存在风险。产业风险会对并购活动产生影响，使并购风险加大。另一方面是指多元化并购的企业，由于进入新的产业，但不熟悉新产业的发展态势与特点而存在的风险。多元化混合并购中，主并方可能对目标方所在的行业不熟悉，因此可能会使企业发展陷入困境。

---

① 张桂铭：《企业并购风险及其防范》，《山东经济》2002 年第 6 期。

二 并购中的风险

企业在并购过程中也会存在一些风险，主要包括以下几个方面：

（一）信息不对称风险

虽说主并企业在并购之前都应该对目标企业进行尽职调查，可现实情况是部分企业的并购前尽职调查只是流于形式。有些并购，即便进行了事前的尽职调查，但是并购双方还是会出现信息不对称的局面①，尤其是当被并购企业是非上市公司时，主并企业对目标企业的负债情况、财务报表真实性、资产抵押担保情况、有无诉讼纷争等缺乏充分的了解，这都会为并购后企业的整合带来风险。

（二）财务风险

并购的支付过程伴随着各种财务风险。并购的支付方式包括股票支付、现金支付、现金和股票混合支付、资产支付和承担债务支付等。从实质上讲，各种不同的并购支付方式最终都可归于现金支付和股票支付两种方式。② 但无论哪种形式，均存在较大的风险。

现金收购是以现金作为支付媒介的收购活动。上述资产支付、承担债务支付等方式本质上属于现金支付。如承担债务支付，其是并购公司通过负债的形式筹集资金来进行并购支付，支付的现金通过负债进行筹集而不是自由资金。承担债务式支付的风险比较大，主要体现在主并公司的资本结构不合理，负债比值大，贷款成本高等，这要求企业需获得很高的投资回报才能补偿偿债成本，否则，极有可能被债务压垮。现金支付的风险相对举债并购风险小，但采取该支付方式会让主并公司产生现金流出，这将会给企业带来较大的生产经营和资金周转压力，因此在现实中通常是将现金并购与承担债务式并购进行结合。③

以股票进行支付是指主并公司用股票来换取目标公司的股票或资产，从而实现并购交易，这种支付方式一般不涉及现金。在现实

---

① 刘学、庄乾志：《公司并购的风险分析》，《经济论坛》1998 年第 18 期。

② 蔡嘉：《我国上市公司并购支付方式研究》，硕士学位论文，上海大学，2009 年。

③ 廖军祥：《企业并购之风险分析及其行业选择》，《商业会计》2003 年第 3 期。

中，由于并购的规模越来越大，单靠现金支付很难完成大规模并购，因此股票支付方式应运而生。股票支付的优点在于其不用支付现金，降低了并购公司的资金压力，同时也不需要以融资的方式筹集资金，避免了债务利息，降低了破产风险。

综上所述，对并购后公司的绩效影响程度来说，由于承担债务支付方式的成本最大，而股票支付方式的成本最小，因此就财务风险来说，承担债务支付方式风险最大，股票支付方式的风险最小，现金支付方式的风险居中。

三　并购后的风险

（一）整合风险

并购整合阶段的风险主要包括整合计划风险和整合不力风险。整合计划风险主要是指企业在并购整合计划阶段没有制定详细可行的整合计划，整合过程中遇到阻碍。整合不力风险指并购后企业整合效果不佳，使双方企业整合不能达到预期的目的。存在该风险的原因主要是并购企业之间在文化、人力资源等方面存在差异，这些差异的存在，会降低双方企业的整合效果。

整合风险主要有三个层次：第一个层次表现在企业组织结构上的整合风险。第二个层次是表现在并购后制度上、文化上的整合风险。第三个层次是规模不经济风险。尤其是当进行混合并购时，若企业向不相关的产业进行扩张，会由于技术和管理经验的不足而存在整合的风险。

（二）偿债风险

偿债风险出现的前提条件是企业并购时使用的是债务融资进行支付。采用此种方式进行支付，则并购后主并企业会产生较大的偿债压力。加之如果目标企业本来也有债务，那并购后的偿债压力和财务风险就会更大，甚至会使优势企业不堪重负而被压垮。

综上所述，高风险是企业并购的重要特征。并购的各个环节都存在着风险，而企业并购的财务风险是各种并购风险在价值量上的综合反映。并购方在并购目标公司之前，都应该对被并购公司的财务风险进行评估，并结合自身的风险偏好水平进行进一步的决策。识别目标公司财务风险的方法主要有杠杆分析法、EPS 法、股权稀释法、成本收益法、现金存量法等。在识别目标公司财务风险的指标中，资产负债率是衡量企业财务风险健康状况的核心指标，因此本书将借助此指标来衡量被并购公司的风险程度，以此判断不同特质股东的风险偏好及由此带来的并购绩效水平。

四　识别目标公司财务风险的方法

以上的分析是按照并购的时间顺序进行的。在并购的过程中，对并购对象财务风险的识别是识别并购风险的关键。对目标公司财务风险的识别主要包括以下几种方法：

1. 杠杆分析法

这是狭义上的财务风险的衡量方法，主要通过计算杠杆系数来初步识别财务风险水平的高低，其指标包括财务杠杆系数和资产负债率。

指标一：财务杠杆系数。

计算公式：$DFL = EBIT/(EBIT - I)$

其中，DFL 指财务杠杆系数，反映企业的税息前利润（EBIT）增长所引起的每股收益（EPS）的增长幅度。DFL 越大，说明企业的财务风险越高。

指标二：资产负债率。

计算公式：$RLA = L/A$

其中，RLA 指资产负债率；L 指企业的全部负债；A 指企业的全部资产。RLA 是衡量企业财务风险健康状况的核心指标。RLA 越高，说明企业的财务风险越高。当 RLA > 50% 时，一般认为企业的财务风险水平较高；当 RLA < 50% 时，说明企业的财务风险水平较低；当 RLA 接近 100% 时，说明企业到了濒临破产的地步。

2. EPS 法

EPS 法主要衡量并购前后购买企业每股收益的预期变化，属于广义上财务风险的衡量方法。每股收益的计算公式如下：

$$EPS = [(EBIT - I)(1 - t)]/Q$$

其中，EPS 指企业每股收益，I 指利息支出，t 指加权所得税税率，Q 指股票总数。

当并购之后的 EPS 大于并购前的 EPS 时，说明企业并购决策行为是合理的；反之，则是不合理的。

3. 股权稀释法

该法主要比较并购前后原股东股权结构的变动情况，属于广义上并购财务风险的衡量指标。股权稀释率的计算公式如下：

$$RIE = (Q_0 + Q_1)/(Q_0 + Q_1 + Q_2)$$

其中，RIE 指股权稀释率，反映企业原股东所控制的具有表决权的股票数量占总的具有表决权的股票数量的比率；Q_0 指并购前企业的原股东所持有的具有表决权的股票数量；Q_1 指并购时企业的原股东所增持的新发行的具有表决权的股票数量；Q_2 指并购时企业的新股东所持有新发行的具有表决权的股票数量。当并购前后的 RIE 发生激烈变化，说明并购行为将给企业的原投资者带来巨大的股权稀释的风险。如果发行新股后的 RIE < 50%，说明股权稀释的财务风险较高；反之，说明股权稀释的财务风险较低。

4. 成本收益法

该法指比较并购的成本与收益水平，属于广义的并购财务风险的衡量方法。并购成本收益率的计算公式如下：

$$RCR = C/R$$

其中，RCR 指企业并购成本收益率；R 指并购的预期收益，包括成本节约、分散风险、较早地利用生产能力、取得无形资产和实现协同效应以及免税优惠等预期收益；C 指并购的预期成本，包括直接的购买支出、增加利息、发行费用及佣金和管制成本，以及各种机会损失（如留存收益消耗的机会成本和丧失好的投资机会的损失）。当 RCR < 1 时，说明预期收益大于预计成本，则并购行为是合理的；反之是不合理的。

5. 现金存量法

该法指比较并购前后企业预计的现金存量水平，看现金水平是否最佳及安全，常用的方法是计算现金总资产率。现金总资产率的计算公式如下：

RCA = C/A

其中，RCA 指现金总资产率；C 指企业广义现金存量，包括库存现金、银行存款和短期投资等；A 指企业的总资产。并购后 RCA 越低，说明企业面临的现金短缺的财务风险越高；反之越低。

另外，还有一种方法是模型分析法，其指借助于统计学和数学的模型构建来总体判断并购财务风险的方法，最常见的方式是建立回归分析模型，以识别企业是否面临过高的财务风险。[①]

在上述识别目标公司财务风险的指标中，资产负债率是衡量企业财务风险健康状况的核心指标，因此本书将借助此指标来衡量被并购公司的风险程度，以此判断不同特质股东的风险偏好以及由此带来的并购绩效水平。

第五节　并购绩效研究综述

一　并购绩效概念解析

国内外学术界对"并购绩效"（Merger & Acquisition Performance）内涵的界定，仍然存在着一定的分歧，并没有形成一个一致性的结论。西方学者广泛认为："企业绩效属于多维建构，由于测量的因素不同，测度结果也会存在不同。"[②] 但是如果综合现有对并购绩效的研究可以发现，实际上目前学术界对并购绩效的界定主要是从并购行为和并购行为的结果这两个角度来进行界定的。所以本

---

① 宋夏云、韩坚：《企业并购财务风险的识别及控制对策》，《对外经贸财会》2006年第7期。

② ［英］安德鲁·坎贝尔等：《战略协同》，任海通译，机械工业出版社2000年版。

书采用了威斯通在其著作《接管、重组与公司治理》中的观点：并购绩效是指企业实施并购行为后对其自身产生的实际经济效果的总称。[①] 国内的冯根福、吴林江（2001），蔡柏良（2007）等也采用了类似的观点。

二　国内外学者对企业并购绩效研究方法的综述

综观国内外，前人对企业并购绩效进行了大量的研究，所采用的研究方法各异，得出的结论也不尽相同。一般来说，主要包括事件研究法和财务研究法。

（一）事件研究法

事件研究法在一些文献中又常常被称为超额收益率法（Abnormal Return Methodology），最早是由美国著名的金融学家 Fama、Fisher、Jensent 和 Roll 于 1969 年提出的，所以学术界又常常将这种方法简写为"FFJR"[②]。事件研究法测度企业并购绩效的核心思想是：其是基于资本市场有效性假设，研究当市场上某一事件发生的时候，股价是否会产生波动以及是否会产生"异常报酬率"（或"超额收益"），借由此种资讯，可以了解到股价的波动与该事件是否相关，计算出超额收益就可以评价并购的绩效。利用此方法，将企业并购公告的发布时期作为特定事件，而将特定事件前后时间称为事件期，则企业在特定事件前后两个事件期内超额收益的变化就是企业并购绩效的反映。在利用事件研究法对企业并购绩效测算的具体过程中，根据金融学中的基本原理——有效率市场假说，即每一个企业的股票价格是所有资本市场中交易者对该企业未来现金流量及其相关风险信息的无偏估计（Unbiased Estimator）。Weston（2000）列出了事件研究法的基本运算过程。

（1）事件研究法的基本运算过程。

第一步，计算每个样本在既定的事件期内每天的（正常）预期

---

①　［美］J. 弗雷德·威斯通等：《接管、重组与公司治理》，李秉祥等译，北京大学出版社 2006 年版。

②　［美］帕蒂·汉森：《并购指南：人员整合》，张叟译，中信出版社 2004 年版。

收益 $R'j_t$。

第二步，计算每个样本每一天的超常收益 rj_t，其中 $rj_t = Rj_t - R'j_t$，可以解释为用每天的实际收益 Rj_t 减去每天的预期（正常）收益 $R'j_t$。

第三步，加总在事件期内每天各样本的超常收益并求平均值，就是样本超常收益的当天平均值 AR_t，$AR_t = \sum rj_t/N$，N 为样本的数量。

第四步，对事件期内每天的平均超常收益 rj_t 进行加总，得到累计平均超常收益总值 CAR，其中 $CAR = \sum AR_t$（$-40 \leqslant t \leqslant 40$）。累计平均超常收益反映的是在特定时间间隔中，事件对样本的总体平均影响值。

通过以上计算过程可以看出，事件研究法的核心步骤就是对"事件期"长短的选择以及计算预期（正常）收益 $R'j_t$。

（2）计算预期（正常）收益 $R'j_t$ 的方法。预期（正常）收益 $R'j_t$ 是指在事件没有发生的情况下能够估计的收益。主要有以下三种计算方法。

第一种计算方法：市场模型法。

该方法是根据相关资产定价理论的模型计算（正常）预期收益，模型的基本形式是：

$$Rj_t = \alpha j - \beta jRm_t + \varepsilon j_t$$

其中，Rm_t 为市场第 t 天的指数（例如标准普尔 500 指数），βj 反映的是 j 企业的市场风险敏感度，αj 反映的是在考察期间内无法用市场来评定的企业平均收益，εj 是统计误差值，这里 $\sum \varepsilon j = 0$。通过模型回归分析可以算出 αj 与 βj 的值，即 $\alpha'j$ 与 $\beta'j$。把这些估算值即 $\alpha'j$ 与 $\beta'j$ 代入市场模型就可以得到每个企业在"事件期"内每天的预期（正常）收益，模型如下：

$$R'j_t = \alpha'j + \beta'jRm_t$$

其中，Rm_t 为事件期内实际每天的市场指数收益。

第二种计算方法：均值调整法。

均值调整法的前提是确定"清洁期"，即确定与事件相关的正常日期，然后估算企业在"清洁期"内的每日平均收益。"清洁期"的选择可以是在"事件期"之前和"事件期"之后，但是不能包含"事件期"。

计算企业在"事件期"内每天的预期收益，从而得到企业在"清洁期"内的日平均收益，即 $R'j_t = \sum Rj_t / 200$（$-240 \leqslant t \leqslant -41$）。

此时，可根据预期（正常）收益 $R'j_t$ 的值计算累计超常收益。

第三种计算方法：市场调整法。

市场调整法是三种方法中最简单的，它的核心思想是假设股票在"事件期"内每天的预期（正常）收益率 $R'j_t$ 就是其市场指数的收益率，即：$R'j_t = Rm_t$。

Weston（2000）认为，因为通常 $\alpha'j$ 的值都很小，而 $\beta'j$ 的平均值为1，因此使用市场调整法计算当样本企业 $\alpha'j = 0$、$\beta'j = 1$ 时，市场模型的近似值是有效的。[1]

从事件研究法的视角来看，资源配置效率和企业的经营业绩会和并购带来的其他各方面得到同步改善，在有效的证券市场中，上市公司的股价也会同步上扬，参与并购的双方或者多方都可以从中受益。从股东的角度出发，上市公司股价的升降可以作为判断企业财富增减的标准之一。[2]

虽然在早期的并购绩效实证研究中，大量的研究工作是采用事件研究法来获得企业并购绩效的测度。但是事件研究法存在严重的缺陷，利用事件研究法来研究中国上市企业的并购绩效存在着一些实质的困难。

第一，企业股票价格的变动是一个各种因素影响的综合结果，

---

[1] 周士元：《我国上市公司并购绩效评价及其影响因素研究》，博士学位论文，河南大学，2012年。

[2] 方芳：《中国上市公司并购绩效的经济学分析》，中国金融出版社2003年版。

将股价的变动作为并购行为影响的唯一结果并不合理，因为在企业并购行为前后，宏观经济运行情况、资本市场整体的行情、整个经济政策和制度的变化，都会导致企业并购前后股票价格发生变化。

第二，正如前面所分析的，在利用事件研究法对企业并购绩效进行测算的具体过程中，使用了金融学中的基本原理——有效率市场假说。但是对于中国的资本市场来说，有效率市场假说能否成立，学术界并没有形成一致的结论。所以利用事件研究法来分析中国企业并购绩效在理论基础上能否成立存在一定的疑问。

第三，将股票价格的变化作为并购绩效的反映，并没有完全反映出企业并购的动机。将股票价格作为评价并购绩效的唯一标准，只是从股东短期价值最大化的角度出发，忽略了并购企业并购动机和利益相关者的利益诉求，所以评价结果不具有全面性，评价结果的可信性和客观性较差。

第四，由于所选择的企业累计异常收益率的公告期长短不一致，常常会使得不同研究者对于同一组样本都会得到不同的结论，研究结论的稳健性很低。①

大量学者运用此法对并购绩效进行了研究，尽管不同的学者研究得出的结论有所不同，但大致而言，目标公司股东能获得正的超额收益，而并购方股东并没有因为并购本身而获得超额收益，甚至有可能得到负的回报。如 Jensen 和 Ruhack（1983）认为目标公司股东能够获得30%的超额利润，Franks 等（1977）发现英国目标公司的股东获得了正的回报；Langetieg（1978）、Firth（1979）、Asqiuth（1983）、Gregory（1997）等认为并购方股东的回报为负，而 Mandelker（1974）、Bradley 和 Jarrel（1988）、Drapper 和 Krishna（1999）等认为并购方的股东既无收益也无损失。

（二）财务研究法

财务研究法又称为会计研究法，其是利用并购前后并购各方的

---

① 余燕妮：《企业并购行为及绩效影响因素的实证分析》，博士学位论文，吉林大学，2012 年。

财务指标来衡量绩效的一种方法，是企业并购后绩效评价的传统方法。其利用财务报表和会计数据资料，以盈利能力、市场价值、销售额和现金流量水平等经营业绩指标为评判标准，对比考察并购前后或与同行相比经营业绩的变化。在具体的评价过程中，包括单指标测度方法和多指标测度方法。单指标测度方法就是利用一个财务指标，如资产净利率（ROA）或者净资产收益率（ROE）来反映企业并购效果，所以利用并购前后所选的这一个财务指标的变化测度企业并购绩效的大小。而多指标测度方法是利用多个财务指标，来反映企业并购效果，利用并购前后所选的多个财务指标的变化测度企业并购绩效的大小。单指标测度方法往往不能全面反映企业并购行为发生后实际并购的效果，所以具有很大的缺陷。相比之下，多指标测度方法能够更全面地反映企业并购后的效果。

在单指标测度方法中，有一些学者使用 EVA 经济增加值指标法对并购的绩效进行衡量。如黄晓楠等（2007）基于 EVA 方法提出并购定价改进模型[1]；陆桂贤（2012）提取沪深上市公司 2005 年发生的 37 起并购案作为研究样本，利用 EVA 值法分析并购绩效及其变化趋势[2]。

在财务研究法中，还有一种方法也经常被各研究者采用，即包络分析法（DEA）。刘艳春等（2013）采用超效率数据包络分析模型，以中国上市公司 2007 年第一季度到 2010 年第四季度六大行业的 16 家上市公司的 17 次海外并购活动的"投入—产出"财务数据为研究样本，对中国上市公司的海外并购绩效进行了实证研究。[3]褚淑贞（2014）等选取了我国 2007—2009 年发生并购的 22 家医药上市公司为研究样本，采用数据包络分析法从总体绩效、并购方性

---

① 黄晓楠、瞿宝忠、丁平：《基于 EVA 的企业并购定价改进模型研究》，《会计研究》2007 年第 3 期。

② 陆桂贤：《我国上市公司并购绩效的实证研究——基于 EVA 模型》，《经济与管理研究》2012 年第 2 期。

③ 刘艳春、赵一、胡微娜、孙博文：《基于超效率数据包络分析模型的海外并购绩效——金融危机后的行业数据检验》，《经济与管理研究》2013 年第 3 期。

质、并购类型、是否关联、是否具有目标公司控制权五个方面对样本并购前后几年的绩效进行了比较。①

在采用财务研究法时，不同学者由于所选取指标不同，其所得结论也不完全相同。Healy（1992）、Manson 等（1995）认为并购有收益；Hogarty（1978）、Philippatos（1985）等则认为并购有损失；而 Ravenscraft 等（1987）用 FTC 对 1975—1977 年的业务数据来分析企业并购 9 年后的利润，认为在通常情况下并购在效率和单位运营绩效上没有显著的提高；Surendra S. Yadav、P. K. Jain（2014）以 2003—2008 年的 155 家公司为样本，采用财务研究法对并购公司财务绩效和超额收益进行了研究，发现公司管理层的效率与绩效呈正相关关系。

（三）其他方法

其他主要的评价方法有以下几种：

1. 自我报告

Capron（1999）在分析收购公司的长期绩效时，使用了与 Hunt（1990）、Datta（1991）相一致的指标，通过设计好的量表询问受访者，收购的长期绩效通过并购后所占市场份额、销售情况、内在的获利能力和相对于行业均值的获利能力的自我报告反映出来。Jones、Lanctotand Teege（2000）通过对美国和外国公司在美国的子公司经理的 188 份调查问卷，来研究外部技术收购对公司绩效的影响。

2. 学术小组评价

Bruton、Oviattand White（1994）在分析 1979—1987 年 51 个被收购的困难公司时，提出使用学术小组的主观评价来评价并购的绩效。他们认为严格地依赖绩效的财务评价是不合适的，因为它们反映的是整个公司的绩效，而不仅仅是与收购有关的绩效。因此他们

---

① 褚淑贞、陈玉莹、席晓宇：《基于数据包络分析的我国医药上市公司并购绩效实证研究》，《中国药房》2014 年第 33 期。

通过一个学术评价小组设计了一个适用于每一个收购绩效的主观评价方法。

3. 专家排序

Cannell 和 Hambrick 在分析 1980—1984 年 138 个并购中被收购公司的主管人员离职对于被收购公司绩效的影响时，采用了专家排序法来评价公司的并购后绩效。他们认为由于并购后被收购公司的绩效的公开信息不能被有效得到，因此用股东的收益评价不能反映被收购公司真实的并购后绩效。对于每一项并购，他们选取了 6 个收购公司的高层管理人员和 6 个专门从事收购公司证券分析的证券分析师作为被调查的专家。在 7 级水平量表基础上向这些专家提问，如"你如何评价在并购发生时被收购公司的获利能力"或"四年后的获利能力"等。①

4. 平衡计分卡

自平衡计分卡方法于 1992 年由卡普兰教授提出后，其经常被用作衡量绩效的指标体系。中外学者也不乏使用平衡计分卡的方法的，如 P. K. Jain（2012）、李芳（2015）认为，平衡计分卡作为一种战略绩效评价体系，应用于并购活动的绩效研究是一种比较创新的方法，也是一种更加具有现实意义的方法。基于此，本书将平衡计分卡战略绩效评价工具引入公关行业公司并购绩效研究中，以"公关行业第一股"——蓝色光标传播集团的并购活动作为具体的研究对象，通过构建平衡计分卡并购绩效评价指标体系对蓝色光标的并购活动进行全面的研究。② 徐芳（2015）基于平衡计分卡的视角，以东航并购上航为案例，研究并购绩效评价方法③。

---

① 陈健、席酉民、郭菊娥：《国外并购绩效评价方法研究综述》，《当代经济科学》2005 年第 5 期。

② 李芳：《基于平衡计分卡视角的并购绩效评价研究——以蓝色光标并购活动为例》，硕士学位论文，兰州财经大学，2015 年。

③ 徐芳：《基于平衡计分卡视角的企业并购绩效评价研究——以东航并购上航为例》，硕士学位论文，杭州电子科技大学，2015 年。

三 国外学者对并购绩效结果的研究综述

自 20 世纪 80 年代以来，国内外学者在对企业并购绩效进行了深入理论研究的同时，分别利用事件研究方法、财务数据方法对企业并购绩效进行了实证分析。本书将从国内外两个方面对相关的研究结果进行归纳。国外学者在对企业并购绩效进行研究时，主要是从股东财富变化、不同期限、不同支付方式等角度进行研究的。

（一）基于股东财富变化角度进行实证研究的综述

为了检验并购绩效，学者们先后建立了从目标公司股东财富的变化、收购公司股东财富的变化两个角度进行实证分析的方法。

1. 目标公司股东财富变化的研究角度

国外大量学者运用了上述研究方法对企业的并购绩效进行了研究。如 Franks 等（1977）、Jensen 和 Ruhack（1983）通过研究认为目标公司股东能够获得正回报；布雷德莱、迪塞和基姆（1982），詹森和鲁贝克（1983），杰拉尔、布莱克利和奈特（1988），百克维奇和那瑞楠（1993）等的实证研究结论显示，尽管样本选择、检验区间以及并购的方式不同，但是目标公司股东从目标公司的短期和长期的累计异常收益率来看都获得了统计显著性的收益率，多数在 20%—35%，有的甚至达到了 50%。Sao Tim Copler（1993）通过实证分析，发现并购对目标企业经营效率的提高具有明显的作用。David Birch（1996）比较了美国 1300 多家样本公司，得出了大部分收购公司对目标公司的支付价格高于市场水平的结论。John DLeeth（2000）对美国 20 世纪 20 年代的样本进行研究，发现在当时的并购中，目标企业获得了明显的收益，收购企业的收益则变化不大。①Bruner（2002）对 1971—2001 年的 100 多篇文献进行汇总分析后得出的结论是：在成熟市场中的并购活动，目标公司股东收益远高于收购公司股东收益，超额收益达 10%—30%；收购公司的收益不明

---

① 赵延霞、孟俊婷：《上市公司并购绩效文献研究综述》，《中国证券期货》2011 年第 12 期。

确，且呈下降为负的趋势；目标公司和收购公司的合并收益也不确定，即并购对社会的净影响不明朗。

2. 收购公司股东财富变化的研究角度

关于收购对主并公司股东的财富变化的影响，学术界并无定论。Philippatos（1985）、Hogarty（1978）等认为并购对主并企业存在一定的损失；Langetieg（1978）、Firth（1979）、Asqiuth（1983）等认为收购方股东的回报为负；詹森和鲁贝克（1983）认为在成功的要约收购中，竞价企业的超额利润率为4%，在兼并活动中竞价企业的超额收益率为零；Ravenscraft 等（1987）经研究得出结论：主并公司的并购效率并没有得到显著的提高；杰拉尔、布莱克利和奈特（1988）得出的结论略有不同，即美国 20 世纪 60 年代的并购活动可得出与詹森和鲁贝克相同的结论，20 世纪 70 年代成功竞价者的收益率降至 2% 左右，20 世纪 80 年代超额收益率为 -1% 左右；布雷德莱（1988），尤凯弗斯、史密斯和亨利（1986）经过实证分析后得出了与杰拉尔等大致相同的结论；Philippe Debroux（1996）在考察了日本的经济环境和制约因素之后，提出了并购是克服障碍、提高体制效率、提高企业经济效率的有效手段；Lawrence G. Goldberg、Fred R. Kaen（2008）在对美国电力企业进行实证研究后得出的结论为：主并公司并购后的经营绩效和股票价格并没有出现上涨；Surendra S. Yadav、P. K. Jain（2012）对印度 2003—2008 年进行并购的样本公司进行了实证研究，研究结果表明：目标公司股东的回报大于主并公司的回报。

综合上述国外学者从目标公司和主并公司股东财富变化角度分析的结果可以看出，并购有利于目标公司股东财富的增加和经营绩效的提高，但是并购对主并公司的影响，则没有确定的结论。但从上述研究结果来看，认为并购对主并公司绩效的正向影响小于目标公司，甚至绩效下降的观点占了绝大多数。

（二）基于不同期限的并购实证研究的综述

对并购后的股东财富效应的实证研究，又可以进一步细分为短期财富效应和长期财富效应两类，但研究结论存在一定的差别。

1. 股东短期财富效应的角度

主要通过短期事件研究法，考察并购公告前后 1—3 个月股东财富收益的变化。Dodd 和 Ruback（1977）通过研究 1973—1976 年发生的要约收购事件发现，并购企业的股东可获得 8%—12% 的显著为正的超常收益，而被并购企业的股东超常收益则更高，达到 19%—21%。Jensen 和 Ruback（1983）通过文献总结认为，成功的并购活动会给被并购企业的股东带来 20%—30% 的超常收益，而对于并购企业的股东来说，获得的超常收益非常微小甚至没有超常收益。Jarrell 和 Poulsen（1989）研究发现，20 世纪 60 年代的并购案例中，被并购企业股东的超常收益约为 19%，70 年代为 35%，在 1980—1985 年为 30%；而并购企业股东的超常收益在 60—80 年代则呈下跌趋势，70 年代为 2% 左右，到 80 年代甚至降为 −1%。Wesley W. Wilson（2007）通过对美国铁路部门企业的并购活动进行研究，发现不管短期还是长期，并购都可以起到缩减成本的作用，从而提高公司的并购绩效。Pitabas Mohanty（2014）对印度的并购事件进行研究后得出的结论与 Wesley W. Wilson 的结论具有相似之处。其认为并购的价值创造与时间没有直接的关系，而与并购企业之间产业的相关性关系较为密切，协同效应创造价值。

2. 股东长期财富效应的角度

主要通过长期事件研究法，考察并购公告前后长期的股东财富收益状况。Agrawal（1992）通过对 1955—1987 年的并购事件进行研究后发现，被并购企业股东在并购后一年的累计超常收益为 −1.5%，并购后 2 年的累计超常收益率为 −4.9%，并购后 3 年内为 −7.4%，也就是说，被并购公司股东的长期收益在并购后总体上呈现出恶化的趋势。Dirk Schiereck（2010）对美国汽车行业 1981—2007 年 230 起并购事件进行了研究，并对并购的长期绩效和短期绩效进行对比研究，得出的结论为：由于潜在的协同效应的作用，并购的短期绩效相对于长期绩效更高。

（三）基于不同支付方式绩效对比研究的综述

Loughran 和 Vijh（1997）研究发现，现金支付的并购活动比股票支付的并购活动取得了更好的并购绩效。在现金支付的并购活动中，并购企业的股东在并购活动发生后 5 年内具有显著的正的超常收益；而在股票支付的并购活动中，并购企业股东在 5 年内的超常收益则为负。

Agrawal 和 Jaffe（2000）总结了 1974—1998 年发生并购的企业绩效，同样发现现金支付的并购活动长期绩效要高于股票支付的并购。其结论是：采用现金支付的收购公司长期绩效为正，采用股票支付的收购公司长期绩效为负；在兼并中收购公司的长期绩效为负，而要约收购中收购公司的长期绩效非负，甚至为正。①

Walid Ben – Amar、Samir Saadi（2014）通过对家族企业和高科技企业并购活动的研究，认为家族企业较少采用股票支付，高科技企业采用股权支付的比例较高。二者的绩效为股权支付的绩效略高。

（四）基于并购行为能够创造价值原因的研究综述

西方学术界对于企业并购行为能够创造价值的原因进行了多方面的分析。Bowditch、Lewis 和 Buono（1985）认为企业的并购行为不能够创造价值的原因就在于并购企业和目标企业之间在经营管理方面存在差异。一些学者如 Papport（1982）、Lipton（1982）、Callahan（1986）也从重组匹配的角度分析证明了在现实企业并购过程中，由于并购企业和目标企业之间的差异性所造成的重组不匹配性。Langetieg（1978）、Lynch（1971）、Lieberman（1987）、Mitchell、Stafford（2000）等从并购行为提高企业价值的路径、外部条件、内部条件、制度保证等角度系统分析了企业并购行为提高企业自身价值的过程。归纳这些研究结果可以发现，企业并购行为能够创造价值的原因就在于企业并购过程中的协同作用和重组作用。所

---

① 张旭：《我国国有企业并购动因与并购绩效研究》，博士学位论文，首都经济贸易大学，2012 年。

以对于利用并购行为促进企业收益的研究分为了协同过程和重组匹配两种研究观点。持有协同过程研究观点的学者认为企业并购发挥效果的过程是一个动态、多维度的过程。通过对多个相关案例的持续研究，可以发现并购过程创造价值的原因。A. Yu. Ryapolov（2011）认为，在经历了金融危机之后，并购仍然是最有利于公司战略发展的最佳途径，其之所以能创造价值，主要因为企业可以根据自己的实际情况，从横向、纵向和混合并购模式中选择最适合自己发展的模式。

综上所述，国外学者采用各种方法，从各种角度对并购行为与绩效进行了研究。研究结论虽然各不相同，但大多数的研究结论都认为：并购后目标公司的股东一般能获得正的超额收益，而并购方股东的收益则不显著，甚至会出现负增长的情况。

四 国内学者对企业并购绩效研究的综述

（一）对绩效结果的研究综述

从总体上看，我国学者主要采用的研究方法是事件研究法和财务研究法。我国学者对上市公司并购绩效的研究从1998年开始逐渐增多，较早研究国内并购的可能是原红旗和吴星宇，他们在1998年使用了财务研究法，采用了4个指标，并以1997年并购的企业为样本，研究结果为企业的部分盈利指标较并购前有所上升，资产负债率却有所下降。檀向球于1999年使用了曼—惠特尼U检验法，对各种并购模式的绩效进行了对比研究，研究结论为股权转让、资产置换和资产剥离能够使上市公司经营业绩得到显著的实质性改善。高见等于2000年使用了事件研究法，得出目标公司比并购公司的超额收益率略高的结论。张新于2003年也采用事件研究法进行了研究，其认为并购可以为目标公司创造价值，目标公司的股票溢价达到29.05%，但并购对收购公司却产生了负效应，其股票溢价为 - 16.76%。余力、刘英也于2004年以资产重组案为样本进行了研究，认为并购重组给目标企业带来了收益，而收购企业收益不大且缺乏持续性。李善民、朱滔于2004年在实证研究的基础上得出并购没有实质性提高并购公司的经营绩效的结论。张小倩于2009年采用财务研究法，也得出并购并没有给主并方带来长期收益的结论。陈仕华等（2013）基于并购双方之间信息不对称的研究视角，检验了并购双方之间的董事联结关系对目标公司选择和并购绩效的影响，结果显示：与并购方存在董事联结（包括间接董事联结）关系的公司更可能成为并购的目标公司，当这种董事联结关系是由内部董事形成时，以及当目标公司与并购方地处不同区域时，与并购方存在董事联结关系的公司成为目标公司的可能性更大；当并购方与目标公司之间存在董事联结关系时（与不存在董事联结关系相比），并购方获得的短期并购绩效并无显著差异，但获得的长期并购绩效会相对较好。赵息等（2014）分别采用事件研究法以及财务报表分析法，针对2009年进行并购交易的上市公司，考察了股票支付方式和现金支付方式对最终并购绩效的影响，得出的基本结论是：不同于国外同类研究的实证结果，我国上市公司中，股票收购公司在首次宣布并购公告后股价出现超额波动，而现金收购公司只能获得正常收益；从财务绩效角度来看，股票收购公司能够获得短期的财务绩效改善。另外，经过研究得出采用事件研究法和财务研究法得到的结果具有一致性的结论。葛结根（2015）采用财务指标分析法，选取了2006—2011年上市公司控制权发生变更的并购事件作为样本，对并购支付方式与并购绩效之间的关系进行了实证分析，研究发现，以市场为主导的有偿并购的绩效明显高于以政府为主导的无偿并购的绩效。

虽然国内学者对并购的绩效还存在着一些争议和分歧，但大多数观点认为：并购后目标公司的绩效得到了不同程度的提高，目标公司的股东也能够从中获得股票的正常收益，但对于并购方而言，业绩改善程度并不明显，这与国外的研究结论呈现出一致性。以上的综述说明，企业的并购对目标公司来说是有利的，体现了并购对目标公司的治理效应。但是，并购对主并公司的治理效应还没有完全发挥出来，因此在今后的研究中应将提升主并公司的绩效作为重点。

（二）关于企业并购绩效的其他相关研究综述

1. 国内学者对企业并购绩效产生差异的原因综述

如前所述，国内学者对并购能否为企业带来绩效存在不同的研究结论，于是一些学者就针对这些研究差异产生的原因进行了探讨。如窦义粟（2007）对不同行业并购绩效进行了考察，提出产业类型是导致并购绩效差异的原因之一。罗永恒（2007）对并购模式的绩效进行了对比研究，得出在各并购模式中，横向并购是最稳定的一种方式，说明并购类型也会影响并购绩效差异的产生。陈海燕和李炎华（1999）经过研究发现，就支付方式来说，绩效由高到低的排列顺序为：混合支付、股权收购、现金收购。黄建芳（2010）着手于对企业文化的整合，将文化差异程度作为影响并购绩效的重要原因。其认为，并购公司之间的文化差异大带来的是并购负绩效，文化认同度高则会给企业绩效带来积极影响。

另外一些影响企业并购绩效差异的因素主要有：并购后企业自由现金流量存量、公司成长性、并购动机、并购交易特征等。黄本多、干胜道（2008）在研究中发现，当企业中存在高自由现金流量且该企业具有低成长性的特征时，并购绩效一般都为负。这说明自由现金流量存量与并购绩效负相关，公司成长性与并购绩效正相关。夏新平、邹朝辉等（2007）通过对比不同并购动机的并购绩效认为，基于协同动机的收购比基于代理动机的收购绩效更好。程敏（2009）则对交易特征和并购溢价进行了分析，认为并购溢价与绩效显著正相关。余鹏翼等（2014）经过研究，认为现金支付方式、第一大股东持股比例、并购双方的文化异质对收购公司的并购绩效影响显著正相关；收购公司的政府关联度与其并购后的短期绩效正相关，与其长期绩效显著负相关；收购公司的公司规模与其并购后的短期绩效显著负相关，与其长期绩效显著正相关。还有的从制度因素角度解释影响并购绩效出现差异的原因，如田海峰（2015）以中国上市企业 2000—2012 年 126 起跨国并购的案例数据为样本，研究了影响并购绩效的制度因素原因，包括东道国的经济自由化程度与并购绩效显著正相关,文化距离、主并企业有无跨国并购经验对并购绩效的影响并不显著。

综上所述,由于存在着多种原因影响企业的并购绩效,学者们对并购绩效的研究也存在着研究角度和研究方法的不同,从而导致不同学者对于并购绩效的研究结果存在差异。

2. 国内学者对企业并购绩效各种研究角度的综述

目前,国内有大量的学者和经济学家从不同的角度对并购进行了研究。如有的学者从行业差异的角度对并购绩效进行研究。如张斌(2004),王泽霞、李珍珍(2009)就从 IT 行业入手,得出此行业具有负的并购绩效增长率。有的学者侧重于从区域差异的角度进行研究,如叶学平(2011)就以湖北省上市公司为样本进行考察。还有学者注重对单个案例进行研究,如李福来(2010)研究了百联集团并购案,熊燕然(2010)研究了赣粤高速并购案,安兵(2008)对国美并购永乐进行了并购绩效的评估。还有学者是针对家族企业与非家族企业的差别来分析的,如林泓(2010)、翟启杰(2006)的研究就认为家族企业拥有较好的并购绩效。还有的是从跨国并购的角度来研究企业并购的,如黎平海等(2010)就以跨国并购上市公司为对象,得出的结论为:较少的跨国并购能创造较高的价值。有的学者将并购绩效与企业生命周期进行结合,如王凤荣(2012)以 2006—2008 年发生的地方国有上市公司并购事件为样本,研究地方政府干预对处于不同生命周期企业的并购绩效的影响。研究发现,政府干预下的企业并购绩效呈现出了生命周期差异。具体来说,较高的政府干预对处在成长期的地方国有企业的并购绩效具有负面影响;而处在成熟期的地方国有企业并购行为,在较高的政府干预情形下,绩效能够得到明显改善。有些研究从文化差异角度与并购绩效之间的关系入手,如王艳(2014)基于 2008—2010 年沪深上市公司股权并购事件的经验数据,得出在中国当前经济增长结构不合理、实体经济发展面临困境的环境中,企业树立和秉承诚信创新价值观实施并购,将有助于并购长期绩效提高的结论。

3. 我国企业并购研究的发展趋势

国内外学者的研究结论基本趋于一致，即并购对目标公司有较好的治理效应，但其是否能给主并企业带来绩效还存在着一些争议和分歧。这些差异和分歧可能来自于不同的原因，如各研究选取的样本存在差异；各研究采用不同的研究方法；或是指标选取、时间跨度选取等存在差异。另外，我国证券市场发展还不够完善，目前还处于其发展的初级阶段，有效性不强，有些上市公司还存在着信息披露不及时、不全面、不真实的现象，股价的有效性有待进一步提高，等等。由此可见，并购绩效是一个多因素集成的函数。

针对上述情况，本领域今后的研究方向为：首先应继续完善其研究方法，对各研究方法进行对比，选择最适合中国证券市场的绩效评估方法；其次加强对主并公司绩效的研究，争取消除对主并企业并购绩效的争议和分歧；最后进一步研究上述各因素对并购绩效的影响程度，并积极寻求其他的影响并购绩效的因素，争取找出相关性最强的因素，并提出改进的建议。

第六节　股东特质理论与并购研究综述

一　股东性质理论研究综述

如前所述，股东性质应该根据该股东所占股权的性质来决定。股权作为一项法律权利，其具有自己独特的权利内涵。有些学者认为，股权的性质应该同其控股股东的性质相一致，即可将股权的性质分为国家股权、法人股权和流通股权。由于中国资本市场有其自身的特点，现今各上市公司的年报中对股权性质的界定就是将其划分为国家股和其他股。

国外针对股权性质对并购绩效影响的研究比较少，国内也只有少数的研究。较早的研究者胡可果（2010）以一个新的视角——目标公司的股权性质来分析外资并购的绩效。其采用的是个案研究法，以巢东股份和珠海中富并购作为案例，得出外资并购我国不同股权性质上市公司的绩效没有显著差异①。俞松辰（2011）基于董事会治理的视角，对不同股权性质下的国有和民营上市公司的并购长期绩效进行了研究，研究结果为由于两类上市公司的董事会治理存在显著差异，因而对其并购长期绩效的影响也存在差异。② 另外，吴凤丽（2013）、唐洁（2015）等也从股东性质的角度对并购绩效进行了研究。

二 股东特质理论与并购研究综述

股东特质理论被提出后，学界对该理论进行了扩展，将该理论与劳资财务关系、盈余管理、收益分配、财务监督等进行了结合，并取得了一定的研究成果。如杜勇（2011）基于控股股东特质，对亏损上市公司扭亏途径及效果进行了研究；干胜道、田超（2011）基于股东特质视角，对我国中央企业社会责任进行了研究；王文兵（2012）对不同股东特质基础上的公司财务松懈与公司绩效之间的关系进行了研究；刘博等（2013）基于股东特质的视角，对控制权转移、盈余管理与业绩变化之间的关系进行了研究；梁勇等（2013）基于股东特质理论，对机构投资者与自由现金流量的监管问题进行了研究，认为机构投资者与企业控股股东、中小股东在对企业自由现金流量产生的作用方面存在着显著差异。

目前针对控股股东特质理论进行的扩展研究中，将其与公司并购进行结合研究还属于全新的视角。本书就是以此控股股东特质理论为基础，将该理论与并购理论进行结合，研究不同特点和性质的控股股东，在进行并购决策和实施并购行为时所产生的差异，以及对并购绩效的差异进行比较。

综上所述，国际国内学术界已从各个角度对企业并购的绩效进

---

① 胡可果：《上市公司股权性质与外资并购——基于巢东股份和珠海中富案例的比较分析》，《辽宁大学学报》（哲学社会科学版）2010 年第 5 期。

② 俞松辰：《不同股权性质下并购长期绩效影响因素研究——基于董事会治理的视角》，硕士学位论文，重庆理工大学，2011 年。

行了研究。这些角度包括行业角度、并购类型角度、支付方式角度、区域差异角度、时间跨度选择角度等。但是，国内外学者中从控股股东性质的角度对并购进行对比的研究较少，且未发现将控股股东特质与并购进行结合的研究。故而本书尝试性地以控股股东特质、所有者财务等为主要理论基础，将其与企业并购进行有机结合，对主并企业的并购绩效进行对比研究，并找出并购绩效差距，找寻产生差距的原因，提出缩小差距的建议，以全面提高企业并购绩效。并在此基础上，对所有者财务理论和控股股东特质理论进行扩展研究。

第七节　本章小结

本章主要对并购的相关理论进行了综合阐述。并购理论主要包括并购的基本内涵、并购动机理论、并购模式理论、并购风险理论、并购绩效理论、股权特质与并购研究综述等。这些方面共同构成了并购行为理论及综述，为基于控股股东特质的我国上市公司并购行为研究奠定了理论基础。

第四章 基于控股股东特质的我国上市公司并购行为分析

根据控股股东特质理论中的控股股东的性质概念，本书将上市公司分为国有和民营两类上市公司。由于控股股东特质不同，此两类上市公司的特点、行为能力和风险偏好都存在差异。具体到公司并购行为上，不同控股股东的公司，其并购行为会出现差异。公司的并购行为具体包括并购动机、并购模式、支付方式、并购风险偏好以及并购后的绩效水平等。本章将从控股股东特质的角度，分析上市公司并购行为的差异，并将在后续章节进一步分析两类公司并购绩效的差异，找出导致差异的原因并提出相应的对策。

第一节 国有与民营上市公司的并购动机分析

美国 J. 弗雷德·威斯通（J. Fred Weston，2003）等在新古典制度经济学的基础上对企业并购动因进行了总结，包括效率理论、价值低估理论、信息与信号理论等九个方面。本书将结合中国资本市场现状和并购现状，基于控股股东特质理论中的股东性质概念，对我国国有和民营上市公司的并购动机进行归纳和分析，主要包括以下三种：一是与股东有关的动机；二是与公司管理层有关的动机；

三是与政府有关的动机。[①] 前两类动机，可被看作是国有与民营上市公司共有的并购动机，而第三类动机则是国有上市公司特有的并购动机。下面将对这三类动机进行深入的分析。

2005 年我国出台了《国务院关于鼓励支持和引导个体私营等非公有制经济发展的若干意见》，即"非公经济 36 条"，此意见的出台为民营企业在行业准入、融资和其他歧视性待遇方面降低了门槛，为民企进入垄断产业和开拓新业务领域提供了可能，而并购则是将此种可能变成现实的有力工具。我国上市公司的并购，既包括民营上市公司或国有上市公司内部的并购，也涉及两类上市公司之间的并购。而利益相关者理论认为，公司的利益相关者包括所有者和股东、银行和其他债权人、供应商、管理人员、地方及国家政府、购买者或顾客、雇员、媒体公众利益群体等。并购行为作为一种公司的财务行为，以及一种重要的投资活动，其根本目的是实现增值，并为各利益相关者创造价值。本节在分析国有与民营上市公司共有的并购动机时，主要从公司发展、股东利益以及管理者的角度对其进行分析。

一 与公司发展和股东利益有关的并购动机

股东作为上市公司的所有者，其拥有参与重大决策权和资产收益权。并购作为所有者财务行为之一，是由公司的控股股东决策的，其所创造的价值一方面用于促进公司的发展，另一方面为股东享有。基于公司发展和股东利益角度的并购动机，具体来看有以下几个方面。

（一）重新配置资源，获取战略机会，提升核心竞争力

首先，并购可以重新配置资源，改造产业链。尤其是纵向并购，其目的是控制某一行业的生产和销售的全过程，可以达到重新配置资源、重整产业链、加快生产流程、缩短生产周期、降低交易成

---

① 骆家龙、崔咏梅、张秋生：《企业并购内部控制与风险管理》，大连出版社 2009 年版。

本、提升核心竞争力、获得综合效益等目的。2005 年，浙江传化集团收购新安股份，目的就在于延长和重整产业链，实现上下游一体化。2008 年，无锡药明康德新药开发有限公司对外宣布将以约 1.51 亿美元的价格收购美国 AppTec 实验室服务公司，也是出于有效整合资源、延长产业链、提升核心竞争力的考虑。

其次，若采取与企业所处生命周期的阶段相适应的并购模式，则可以获取战略机会，提升核心竞争力。如处于成长期的企业，有投资机会但缺少资金或管理能力，其可以选择出售剥离相应的资产给大企业；处于成熟期的企业为扩大市场份额，降低成本，通常通过横向并购来扩大其生产规模；处于衰退期的企业则可以进行业内的并购，来与对手竞争。公司通过选择适合的并购模式，重新配置资源，获取战略机会，实现其核心竞争力的提升。

（二）实现规模经济，获得协同效应

规模经济是经济学的重要内容。当企业规模达到经济规模的状态时，可以增加产量，降低成本，实现利润的最大化。如沙钢集团并购案，2006 年沙钢集团启动了并购战略，接连收购了淮钢、永兴钢铁、鑫瑞特钢等，使其产能大幅增加，成本大幅降低。另外，国美收购永乐和大中，也达到了降低成本的目的。[1]

在我国，并购协同效应主要包括管理协同效应、经营协同效应和财务协同效应等。管理协同是指管理效率水平不同的公司之间进行并购，使额外的管理资源得以充分利用，以提升整体的管理效率。经营协同是大部分横向并购的动因，其随着规模经济和市场竞争优势的加强而产生。通过实现规模经济，扩大生产经营，降低单位成本，提高生产效率，实现更大的利润空间和定价自主权。在制造业中，对产房和机器设备的大量投资产生了典型的规模效益和经营协同效应。财务协同主要是指现金流量的增加和通过会计处理方法的选择以及税务筹划的方式实现税收节约。尤其对于某些内部现

---

① 陈小洪、李兆熙：《中国企业并购重组》，中国发展出版社 2010 年版。

金较少但投资机会很多的企业，外部募集资金需要较高的成本并承担较大的风险，此时应与拥有较多内部资金但投资机会较少的企业进行并购交易。许多混合并购便是出于此种目的而进行的。

（三）获得品牌、核心技术或分销渠道

在市场竞争中，企业发展中比较欠缺的"短板"是品牌优势、技术优势和渠道优势，尤其是民营企业。企业（尤其是民营企业）进行并购的另一目的就是引入品牌、核心技术和分销渠道，如长虹收购美菱案。长虹收购美菱后，仍旧保留了美菱的品牌，并通过产品类别区分品牌，将美菱品牌定位为"白电"，将长虹品牌定位为"黑电"，并购后长虹将自己的空调业务全部注入美菱，将美菱在冰箱领域的品牌优势保持住，并延展到空调领域，获得了较大成功。

（四）追求市场势力

并购能够提高市场占有率，尤其是行业中大企业之间的并购。市场占有率的提高使企业有操控价格的可能，甚至会产生垄断。2008 年，中国电信行业通过多家企业并购重组形成了三足鼎立的局面。移动收编铁通，电信收购联通 CDMA 网络和卫通，联通网通合并成立新中国联通。

（五）发掘价值被低估的资产

我国上市公司并购的另一动机是发掘价值被低估的资产，并对其进行并购。价值低估理论认为，并购活动的发生可能是因为目标企业的价值被低估，即当目标企业的市场价格因为某种原因没能反映其真实的价值，其股票价格低于其资产的重置成本时，通过并购相较于购买相关的资产成本更低。

（六）大股东控制与利益转移

资本市场建立之初，上市公司的股票分为流通股和非流通股，导致这两类股份的股东利益不一致。非流通股股东往往是国有控股公司或政府，"一股独大"和大股东控制现象比较严重；而流通股股东因为所持股份较少且比较分散，因此参与公司管理的成本比较高，多数流通股股东实际行权时"用脚投票"，因此，其利益也常受到大股东的侵犯，大股东可通过并购来增发扩股，从而将中小股东的利益转移到自己手中。①

二　与管理者利益有关的并购动机

公司制企业的特点是其经营权和所有权相分离。《公司法》规定，公司的股东大会是最高权力机构，其职责主要包括选举董事会，决定公司的投资决策等；董事会的职责为决定公司内部管理机构的设置等。由于经营者和所有者之间存在着信息不对称，二者之间或多或少存在着代理成本。另外，因二者的利益函数不同，管理层掌握了公司发展状况的信息，公司会出现内部人控制的现象。在此基础上进行的并购动机具体包括以下两种：

（一）缓解代理冲突，提升公司治理水平

如上所述，公司的管理层和所有者之间由于信息不对称而存在着一定的代理冲突。由于公司激励机制不健全，决策机制不完善以及约束机制不健全，导致公司的委托代理成本较高，公司内部治理效率较低。而中国上市公司独有的股权结构特点和资本市场使得公司难以通过改善内部治理机制快速有效地提高公司治理效率。并购是上市公司治理的有效外部机制，其可以通过诸多途径来提高公司的治理效率。上市公司通过并购机制，可以改变目标公司的股权结构，也可以更换目标公司的管理层，进一步介入公司的经营和管理等，以防止经理层侵犯股东的利益，提升其管理水平和治理水平，降低股东与经理层之间的委托代理成本。并购机制可通过以下机制提升公司治理的效率：首先，并购通过向管理层施加压力，保护股东的利益。其次，并购通过注入优质管理经验和文化，提升目标企业的管理水平。最后，通过有效的外部接管，加强对公司的治理和监督。②

---

① 骆家龙、崔咏梅、张秋生：《企业并购内部控制与风险管理》，大连出版社 2009 年版。

② 李田香、谭顺平：《并购在上市公司治理效率中的作用》，《人民论坛》2012 年第 30 期。

（二）提升内部人价值

并购是扩大企业规模的最直接和最快捷的方式。通过并购，企业管理层可以实现自己的晋升或构建自己的"帝国"，这时，并购的出发点就由管理层自身利益最大化取代了企业利益最大化。管理层自身价值的提升，也是部分企业盲目扩张、积极并购的一个重要原因。

三 与政府有关的并购动机分析

党的十六届三中全会要求，继续调整国有经济布局和结构，推进国有资本集中化，特别是有关国家经济命脉的重要产业和关键领域。并购作为一种所有者财务行为，是调整国有经济布局和结构、推动国有资本向行业和关键领域集中的主要途径。我国国有企业并购的兴起，有各种深刻的动因，既有宏观层面的，也有微观层面的原因；既有企业外部的因素，也有企业自身的并购动因。微观和自身的并购动因，与民营公司的并购动因是一致的，这在前面的章节中已进行了总结，本节主要论述的是国有企业并购中特有的并购动机。

（一）国有公司并购是推进国有经济布局结构调整的重要举措

我国经济体制改革确立了社会主义市场经济体制的目标模式，一直实行的是以公有制为主体、多种所有制共同发展的基本经济制度。但从实际的国有企业分布情况看，21世纪初，2/3以上的国有企业和相当一部分的国有资产主要分布在一般加工制造、商贸流通等非重要行业和非关键领域，布局过宽，国有资源较为分散，国有经济成分的控制力和竞争力不强。因此，并购成了国有公司发挥其经济主导作用、提升其控制力、推进国有经济布局结构调整的重要举措。①

（二）通过并购组建具有国际竞争力的大型企业集团

早在2003年国务院国资委成立之初，国务院国资委所管理的央

---

① 白英姿：《中央企业并购整合案例精选》，中国经济出版社2013年版。

企数量为 196 家。2006 年，国资委根据 2005 年的数据进行了这样的分析和测算：企业国有资本排前 80 名的中央企业，它们的利润总额、国有资本和销售收入，分别占全部中央企业的 99%、98% 和 92%。① 2006 年，国资委发布的《关于推进国有资本调整和国有企业重组的指导意见》中指出，今后几年，中央企业数量将从当时的 161 家减少到 80 家或 100 家，将进一步向关系国计民生的重要行业和关键领域集中。② 通过并购重组，虽然减少了央企数量，但并购后的央企实力大大增强，产业布局结构更加合理，并形成了一些具有国际竞争力的大型企业集团。如 2014 年世界 500 强企业福布斯排行榜中，中国石油化工集团公司和中国石油天然气集团公司分别名列第三和第四。

（三）拯救亏损企业，创建地方政府政绩

在我国，存在着一部分这样的国有企业：它们在激烈的市场竞争中失败了，却长期占用资金并享受着政府补贴。而另一些企业虽然效益较好，但是却因为资金等限制而无法获得进一步发展。将这两类企业进行并购，一方面，可以实现对亏损企业的拯救，实现地方政府的政绩。另一方面，可以实现企业的低成本扩张，实现规模效应。地方政府政绩的评价往往与当地企业的发展有很大关系。因此，政府部门为了创建较好的政绩而极力鼓励并促成这些企业之间的并购，或者优秀企业之间的强强联合。

（四）增加税收，保持就业率，维护稳定

由于地方政府考核官员的指标多是与地方的经济发展水平挂钩，如与当地的 GDP、财政收入、就业水平等经济指标挂钩，所以，为了促进当地经济发展、增加税收，政府往往会鼓励濒临破产的企业

---

① 《进一步推动国有经济布局和结构战略性调整——国务院国资委负责人就〈关于推进国有资本调整和国有企业重组的指导意见〉答记者问》，《中国建材》2007 年第 1 期。

② 《中央企业将进一步向关系国计民生的行业和领域集中》，http：//china. cnr. cn/news/200612/t20061220_ 504356123. html，2006 - 12 - 20/2015 - 03 - 21。

被其他的企业并购。因为企业破产会导致政府财政收入锐减，破产企业的职工下岗有可能会成为当地社会的不稳定因素。因此，国有企业的并购在一定程度上往往还肩负着社会责任。

第二节　国有与民营上市公司的主要并购模式与并购风险偏好比较

一　国有与民营上市公司的主要并购模式比较

现阶段我国上市公司并购的模式包括了收购重组、股权转让、资产剥离和资产置换以及它们之间的组合。具体形式包括资产收购、资产置换、股权转让、新设合并和吸收合并、资产剥离、债务重组、股份回购、要约收购等。通过对样本数据并购模式的统计，发现近年来国有和民营上市的并购模式主要是股权转让和资产收购，这两种模式共占所有模式的83.02%，因此，这两种并购模式是目前上市公司并购模式的代表。

对所有样本公司进行对比分析后可知，在1678起资产收购事件中，国有公司占了940起，所占比例为56%；民营上市公司占比为44%。在1921起股权转让事件中，民营上市公司占了1143起，所占比例为60%，而国有公司只占了40%。这些数据说明，国有上市公司更偏好于选择资产收购的并购模式，民营上市公司更偏好于选择股权转让的并购模式。

二　国有控股股东和民营控股股东并购风险偏好比较

国有与民营上市公司由于其控股股东性质不同，肩负的社会责任亦不同，因此，其并购风险的偏好也存在区别。

（一）国有控股股东并购风险偏好分析

国有上市公司的股东包括中央和地方各级国资委与各级政府，以及国有法人。作为具有这种特性的控股股东，其在对公司进行终极管理的过程中，管理能力和管理动机都相对较弱。从管理能力来看，由于各级国资委和各级政府都是行政机构，不是专业的投资管理机构，缺乏专业的人才和投资管理理念，因此，相对于专业投资管理机构来说其管理能力是较弱的。另外，国资委或各级政府是以行政部门的名义作为控股股东的，公司的绩效好坏并不与个人发生直接的关系。因此，作为机构控股股东，其投资管理的动力也略显不足。加之国有上市公司肩负着特定的社会责任，其并购要兼顾一些行政目的，甚至为了实现行政目标或产业发展的目标，对一些亏损企业或不良资产进行并购。目前，国内各大银行，尤其是国有控股银行，其贷款政策也是向国有公司进行倾斜的，国有公司的资产负债率相对较高，而资产负债率较高的企业，其经营风险也相对较高。这些原因都导致了国有上市公司并购风险相对较大，国有控股股东是属于并购风险偏好型股东。

（二）民营控股股东并购风险偏好分析

国有上市公司因为各方面原因导致其风险水平较高，而就民营上市公司来说，由于民营公司的控股股东是非国资委和各级政府的法人或个人，因此其对公司的终极管理都是以获取利润最大化为最直接和最主要的目标，其投资管理的能力和动力都较强。民营上市公司在进行并购时，其并购动机相对比较单纯，即实现并购后绩效的提高。另外，国内各银行对民营公司的贷款数额相对较小，民营公司的资产负债率平均水平相对较低，说明民营上市公司的风险水平较低，可知民营控股股东是属于并购风险厌恶型股东。

第三节　本章小结

根据控股股东特质理论中的控股股东性质概念，本书将上市公司分为国有和民营两大类。因为控股股东特质不同，其行为能力和风险偏好都存在差别。具体到公司的并购行为上，控股股东性质不同则其并购动机、并购模式、并购风险偏好等并购行为都存在差异，并最终导致并购绩效存在差异。本章从控股股东特质的角度，分析了国有和民营上市公司并购行为的差异，并为后续章节的并购绩效研究奠定了基础。

第五章　基于控股股东特质的我国上市公司并购绩效实证研究

本章将以控股股东特质为理论基础,对上市公司的并购绩效进行实证分析。根据控股股东特质理论中的股东性质概念,本书按企业性质将上市公司分为国有上市公司和民营上市公司,即并购后控股股东或终极控制人的性质为国有的,则该上市公司的性质为国有;并购后控股股东或终极控制人的性质为非国有的,则该上市公司的性质为民营。本章将在并购模式、并购动机、并购风险偏好分析的基础上,详细介绍绩效分析研究的方法、步骤、过程。对国有公司与民营公司的并购绩效、并购公司与所有沪深 A 股上市公司的整体绩效进行对比研究。

本书的主要思路为:通过选取沪深 A 股上市公司(其中包括 2011 年发生并购的上市公司)作为样本,采用其 2009 年到 2014 年的年报财务指标数据,使用 SPSS19.0 进行主成分分析,求出主成分,并计算出各主成分相对综合得分。再使用 Excel 进行数据处理,并计算出各公司的综合绩效得分。通过其综合绩效得分来对不同并购模式、不同企业性质的上市公司,以及 2011 年发生并购的公司与所有上市公司的整体绩效进行对比研究,从而得出不同并购模式及不同性质企业的并购综合绩效状况。另外,本书采用 Tobin's Q 值法对国有与民营上市公司的并购绩效进行对比研究,以检验实证结果,并为后续章节的进一步多元回归分析打下基础。

第一节 样本选取及研究方法

一 数据来源

本书主要以所有沪深 A 股上市公司（其中包括 2011 年发生并购的上市公司）为样本，以 2009—2014 年上市公司的年报财务数据为数据来源。上市公司数据取自国泰安 CSMAR 金融数据库，年报财务数据取自锐思数据库（www. resset. cn），个别补充数据来自凤凰财经网（finance. ifeng. com）。

二 数据筛选

（一）并购模式的筛选

从国泰安 CSMAR 金融数据库中提取 2011 年发生并购的上市公司。其并购模式包括股权转让、资产收购、资产剥离、吸收合并、债务重组、资产置换、要约收购等模式。该年共发生并购事件 5902件，其中股权转让 2769 件、资产收购 2132 件、资产剥离等其他模式共计 1001 件。前两种模式共计 4901 件，在所有并购事件中的占比为 83.04%，其余 5 种模式的并购事件仅占 16.96%，具体统计结果如表 5－1 所示。因此，本书主要对发生股权转让和资产收购的并购公司进行研究。

表 5－1　　　　　　　2011 年并购事件统计表

并购模式	并购事件数（件）	百分比（%）
股权转让	2769	46.92
资产收购	2132	36.12
资产剥离	895	15.16
吸收合并	48	0.81
债务重组	37	0.63
资产置换	19	0.32
要约收购	2	0.03

注：表中数据经过四舍五入处理，合计数可能不等于100。

（二）上市并购公司的筛选

由于发生并购的上市公司其并购规模、关联交易、多次发生并购等因素直接影响到绩效研究的结果，小部分公司会使研究结果产生偏离。因此，需要对 2011 年发生并购的所有上市公司进行筛选，尽量减小个别公司、个别异常数据对研究结果的影响，筛选原则如下：

（1）同一年的多个股权转让事件、同一年的多个资产收购事件均按买方支出价值（无买方支出价值的以卖方标的价值为准）合并为一个事件。

（2）关联交易是上市公司在进行并购运作中，经常出现的但又易于产生不公平结果，容易形成对股东或者其中部分股东的权益侵犯，也可能导致债权人利益受到损害的交易。因此，剔除所有发生关联交易的事件。

（3）剔除资产收购中卖方标的价值和买方支出价值不明的上市公司。

（4）剔除并购规模过小，一年内股权转让或资产收购的交易市值低于 2000 万元的上市公司。

（5）并购公司为 ST、SST、*ST 等的将被剔除。

（6）剔除 2009 年以后上市的公司，以及 2014 年以前退市的公司。

（三）上市公司财务数据的筛选

上市公司财务数据的筛选原则主要包括以下三点：

（1）剔除 2009—2014 年年报记录不全的上市公司。

（2）剔除年报财务数据不完整的上市公司。

（3）剔除财务数据特别异常的上市公司。

通过多重筛选，最后得到沪深 A 股上市公司 2198 家，其中包括 2011 年发生并购的合格样本公司 608 家。并购公司中采用股权转让模式的有 204 家，采用资产收购模式的有 404 家。其中，国有上市公司 257 家，民营上市公司 351 家。

三 实证分析方法

对企业并购绩效的研究方法，我国学者主要是以事件研究法和财务研究法为主，有些学者也将此两种方法叫作非正常收益法和会计指标法（郭炜，2005）。此两种方法各有优劣。在对并购绩效研究方法的选择上，我国学者更多是选取财务研究法进行实证绩效分析。由于中国的资本市场正逐步趋于成熟，公司的股票价格也逐渐可以代表公司的发展水平，因此本书将以财务研究法为主，同时辅以事件研究法，对样本公司的并购绩效进行对比分析。本书采用事件研究法时，主要是使用 Tobin's Q 值法对并购绩效进行进一步实证验证。

我国学者在采用财务研究法对企业并购绩效进行研究时，因为其所采用的指标存在差异，得出的结果也不太一样。如冯根福等（2001）采用财务研究法对 1994—1998 年我国发生并购的上市公司进行研究，发现这些公司的并购绩效从整体上看呈现出先升后降的过程;[1] 程惠芳（2004）应用财务指标法和现金流分析法研究发现，在2000—2002 年发生并购的 11 家公司，其绩效得到了显著的改善。[2] 本书认为，采用单一指标或简单的几个会计指标不能体现上市公司的整体绩效，应该建立一个全面的财务指标体系。本书根据财政部的《企业绩效评价指标体系》，将选择每股收益、资产报酬率等 14 项财务指标，运用主成分分析法来对上市公司的绩效进行研究。[3]

第二节　基于财务研究法的并购绩效研究

一 财务指标评价体系

财务评价是以企业财务报告及其他相关的资料为依据，以财务

---

① 冯根福、吴江林：《我国上市公司并购绩效的实证研究》，《经济研究》2003 年第 1期。

② 程惠芳：《中国民营企业对外投资发展战略》，中国社会科学出版社 2004 年版。

③ 徐艳斌：《我国上市公司股权转让绩效及其影响因素实证研究》，硕士学位论文，安徽工业大学，2012 年。

指标数据为基础，运用特定的方式方法进行系统分析和评价企业的过去和现在的财务信息，并说明财务活动的情况和结果。通过财务分析检查企业的经营现状，对企业之间、企业自身的过去和现在进行对比分析，发现问题并分析其产生的原因。从而引导企业决策者的决策行为和经营者的经营行为，为企业的各利益集团了解企业的资产营运状况、偿债能力状况、持续发展能力等方面的综合情况提供依据。

　　我国现行的财务评价体系主要由上市公司财务分析指标体系和财政部颁布的国有资本金绩效评价指标体系的主要指标组成。借鉴财政部颁发的《国有资本金绩效评价规则》及上市公司财务分析指标体系，本书基于以下几个原则对财务指标体系进行选择：第一，所选指标综合性强，具有一定的代表性。第二，为了避免不必要的重复，所选指标数量应该适宜。第三，指标能尽量代表企业的可持续发展。第四，相对指标和绝对指标综合使用，提高指标系统的综合代表能力。第五，为了尽可能体现出并购的绩效，应选取一致性好的指标。根据上述原则，在综合考虑股东获利能力、盈利能力、偿债能力、成长能力和营运能力的基础上，本书选取了每股收益、资产报酬率等 14 个财务指标对上市公司绩效进行综合评价。具体的指标及其计算公式如表 5 - 2 所示。

表 5 - 2　　　　　　　　　　　财务指标体系

体系类型	指标名称	计算公式
股东获利能力	每股净资产（元/股）	（股东权益总额 - 优先股权益）/流通在外普通股加权平均股数
	每股收益（元/股）	净利润/期末总股本
盈利能力	资产报酬率（%）	［息税前利润×2/（期初总资产 + 期末总资产）］× 100%
	营业利润率（%）	（营业利润/主营业务收入）×100%
	成本费用利润率（%）	（利润总额/成本费用总额）×100%

续表

体系类型	指标名称	计算公式
偿债能力	流动比率（％）	（流动资产/流动负债）×100％
	速动比率（％）	［（流动资产－存货）/流动负债］×100％
	资产负债率（％）	（负债总额/资产总额）×100％
成长能力	营业收入增长率（％）	［（本期营业收入－期初营业收入）/期初营业收入］×100％
	净利润增长率（％）	（本期净利润/上年同期净利润－1）×100％
	总资产增长率（％）	（期末总资产/上年同期总资产－1）×100％
营运能力	股东权益周转率（次）	营业总收入×2/（期初净资产＋期末净资产）
	流动资产周转率（次）	主营业务收入净额/平均流动资产总额
	总资产周转率（次）	营业收入净额/平均资产总额

（1）股东获利能力。

每股净资产是指股东权益与股本总额的比率。其计算公式为：每股净资产＝（股东权益总额－优先股权益）/流通在外普通股加权平均股数。这一指标反映每股股票所拥有的资产现值。公司净资产代表公司本身拥有的财产，也是股东们在公司中的权益。因此，又叫作股东权益。在会计计算上，相当于资产负债表中的总资产减去全部债务和优先股权益后的余额。公司净资产除以发行总股数，即得到每股净资产。每股净资产越高，股东拥有的资产现值越多；每股净资产越少，股东拥有的资产现值越少。通常每股净资产越高越好。

每股收益即每股盈利（EPS）又称每股盈余、每股税后利润，指当期的净利润扣除优先股股利之后与当期期末总股数的比率。是普通股股东每持有一股所能享有的企业净利润或需承担的企业净亏损，是评价一家公司股东获利能力的主要综合指标。每股收益越大，企业越有能力发放股利，从而投资者得到的回报越高。每股收益通常被用来反映公司的经营业绩、获利水平以及对该公司投资的未来风险等，是投资者据以分析企业的盈利能力、预测未来企业的成长潜力，进而做出相应经济决策的重要财务指标之一。

（2）盈利能力。

资产报酬率是公司息税前利润与平均资产的总额的比率，该指标主要反映公司的盈利能力。息税前利润总额＝利润总额＋利息支出＝净利润＋所得税＋利息支出。资产报酬率又称总资产回报率、总资产利润率、资产总额利润率。用以评价企业运用全部资产的总体获利能力，评价企业管理者运用各种来源资金赚取报酬的能力。资产报酬率越高，表明资产利用效率越高，说明企业在增加收入、节约资金使用等方面取得了良好的效果；该指标越低，说明企业资产利用效率越低，应分析差异原因，提高销售利润率，加速资金周转，提高企业经营管理水平。资产报酬率是所有者和债权人共同关注的指标，资产报酬率的分子是息税前利润总额，包括股东的利润和债权人的利息，因此该指标越高，说明对债权人的付息越有保障。在盈利能力的指标中，资产报酬率的信息量最为广泛，因为该指标体现了企业法人对债权人、国家、股东的经济利益衡量关系。在资产报酬率的指标分析中，应当结合资产负债表中资产总额的变化以及影响资产总额变化的原因开展分析，总资产获利能力分析与资产负债表的变化越接近，盈利能力的因果关系了解得越彻底。①

营业利润率是指企业的营业利润与主营业务收入的比率。该指标说明了企业管理者的盈利情况，是衡量企业经营效率的指标，反映了企业管理者通过经营获取利润的能力。该比率越高，说明企业商品销售额提供的营业利润越多，企业市场竞争力越强，发展潜力越大，盈利能力越强；反之，此比率越低，说明企业盈利能力越弱。

成本费用利润率是企业一定期间的利润总额与成本费用总额的比率。成本费用利润率的计算公式：成本费用利润率＝（利润总额/成本费用总额）×100%。利润总额和成本费用总额来自企业的损益

---

① 乔世震：《财务管理基础》，北京交通大学出版社 2014 年版。

表。成本费用一般指主营业务成本及附加和三项期间费用（销售费用、管理费用、财务费用）。成本费用利润率指标表明每付出一元成本费用可获得多少利润，体现了经营耗费所带来的经营成果。该项指标越高，利润就越大，反映企业的经济效益越好。

（3）偿债能力。

流动比率是企业流动资产与流动负债的比值，它表明企业每一元流动负债有多少流动资产作为偿还保证。流动比率指标的意义在于衡量企业流动资产在短期债务到期以前，可以变为现金用于偿还负债的能力，揭示了短期债务偿还的安全性。一般来说，流动比率越高，说明企业资产的变现能力越强，短期偿债能力亦越强；反之则弱。同时应当看到，不同行业经营状况不同，其流动比率的正常标准会有所差异。这个比率并非越高越好，过高可能是企业流动资产占用过多，即流动资产相对于流动负债过多，影响企业资金的使用效率。也可能是存货积压，应收账款不能及时收回所致。因此，对流动比率指标的分析和评价需要结合行业特点以及企业的实际情况进行。

速动比率，又称"酸性测验比率"，是指速动资产对流动负债的比值。它是衡量企业流动资产中可以立即变现用于偿还流动负债的能力。其中速动资产 = 流动资产 - 存货 = 流动资产 - 存货 - 预付账款 - 待摊费用。速动资产包括货币资金、应收票据、应收账款、短期投资、其他应收款项等，可以在较短时间内变现。速动比率以流动资产扣除变现能力较差的存货和不能变现的待摊费用作为偿付流动负债的基础，它弥补了流动比率的不足，可以更清晰、更可靠地揭示企业的短期偿债能力。速动比率同流动比率一样，反映的都是单位资产的流动性以及快速偿还到期负债的能力和水平。尽管速动比率越高，表明偿债能力越强，但是过高的速动比率可能是由于企业现金和应收账款占用过多资金导致，由此增加了这些资金的机会成本。在实际评价该指标的适当性时，应当结合企业应收账款的周转速度和企业所处的客观环境来做出判断。

资产负债率亦称负债比率，是负债总额除以资产总额的百分比，也就是负债总额与资产总额的比例关系，即表达资产总额中有多大比例是通过负债筹资所形成的。资产负债率这个指标反映债权人所提供的资本占全部资本的比例，可以衡量企业在清算时保护债权人利益的程度，也被称为举债经营比率。该指标通过提示企业资产与负债的关系显示企业的财务结构，反映负债偿还的物资保证程度，可以作为企业长期偿债能力的评价指标。债权人认为，该指标越低，债务偿还的安全性越高。从股东的角度看，只要企业总资产报酬率超过负债利率，加负债比率可以为股东带来好处。尽管负债经营存在着财务风险，考虑到负债利息可以在税前列支，有相应的抵税作用，多数企业还是倾向于保持合理的负债比率。

（4）成长能力。

营业收入增长率是指企业本年营业收入同上年营业收入差值的比率。是评价企业成长状况和发展能力的重要指标，反映企业营业收入的增减变动情况。企业的营业收入的变化体现了公司的发展状况，营业收入增长率大于零，表明企业本年营业收入有所增长。该指标值越高，表明企业营业收入的增长速度越快，企业市场前景越好。主营业务收入增长率是衡量企业经营状况和市场占有能力、预测企业经营业务拓展趋势的重要标志。不断增加的主营业务收入，是企业生存的基础和发展的条件。主营业务收入增长率也可以用来衡量公司的产品生命周期，判断公司发展所处的阶段。主营业务收入增长率与应收账款增长率的比较分析，可以表示公司销售额的增长幅度，可以借以判断企业主营业务的发展状况；另外，当主营业务收入增长率小于应收账款增长率，甚至主营业务收入增长率为负数时，公司极可能存在操纵利润行为，需严加防范。在判断时还需要根据应收账款占主营业务收入的比重进行综合分析。

净利润（收益）是指在利润总额中按规定缴纳了所得税后公司的利润留成，是当年实现的可供出资人（股东）分配的净收益，一般也称为税后利润或净收入。净利润是一个企业经营的最终成果，净利润越多，企业的经营效益就越好；净利润越少，企业的经营效益就差，它是衡量一个企业经营效益的主要指标。净利润的多寡取决于两个因素，一是利润总额，二是所得税。企业所得税等于当期应纳税所得额乘以企业所得税税率，企业的所得税税率都是法定的，所得税税率越高，净利润就越少。对于企业管理者而言，净利润是进行经营管理决策的基础，对于企业的投资者来说，净利润是获得投资回报大小的基本因素。同时，净利润也是评价企业的管理绩效、盈利能力以至偿债能力的一个基本工具。净利润增长率代表企业当期净利润比上期净利润的增长幅度，指标值越大代表企业盈利能力越强，是一个分析企业成长能力的综合指标。

总资产增长率，又名总资产扩张率，是企业本年总资产增长额同年初资产总额的比率，反映企业本期资产规模的增长状况。资产是企业生产经营活动的来源，是企业用于取得收入的资源，也是企业偿还债务的保障。资产增长是企业发展的一个重要方面，发展性高的企业一般能保持资产的稳定增长，所以一个公司的资产增长确保了公司业绩的良好发展。总资产增长率越高，表明企业一定时期内资产经营规模扩张的速度越快。但同时需要关注资产规模扩张的质和量的关系，以及企业的后续发展能力，避免盲目扩张。

（5）营运能力。

股东权益周转率反映公司运用所有者的资产的效率。该比率越高，表明所有者资产的运用效率高，营运能力强。

流动资产周转率指企业一定时期内（通常是 1 年）主营业务收入净额与平均流动资产总额的比率，流动资产周转率反映企业流动资产的周转速度，是评价企业资产利用率的一个重要指标。从企业全部资产中流动性最强的流动资产角度对企业资产的利用效率进行分析，以进一步揭示影响企业资产质量的主要因素。要实现该指标的良性变动，应以主营业务收入增幅高于流动资产增幅做保证。通过该指标的对比分析，可以促进企业加强内部管理，充分有效地利用流动资产，如降低成本、调动暂时闲置的货币资金用于短期投资创造收益等，还可以促进企业采取措施扩大销售，提高流动资产的综合使用效率。在一定时期内，流动资产周转次数越多，表明以相同的流动资产完成的周转额越多，流动资产利用的效果越好。一般情况下，该指标越高，表明企业流动资产周转速度越快，利用越好。在较快的周转速度下，流动资产会相对节约，相当于流动资产投入的增加，在一定程度上增强了企业的盈利能力；而周转速度慢，则需要补充流动资金参加周转，会形成资金浪费，降低企业盈利能力。

总资产周转率是指企业在一定时期营业收入净额与平均资产总额的比率。总资产周转率反映了企业整体资产的营运能力，体现了企业经营期间全部资产从投入到产出的流转速度，体现了企业全部资产的管理质量和利用效率。周转率越大，说明总资产周转越快，反映出销售能力越强。企业可以通过薄利多销的办法，加速资产的周转，带来利润绝对额的增加。通过该指标的对比分析，可以反映企业本年度以及以前年度总资产的运营效率和变化，发现企业与同类企业在资产利用上的差距，促进企业挖掘潜力、积极创收、提高产品市场占有率、提高资产利用效率。存货周转率分析的目的是从不同的角度和环节上找出存货管理中的问题，使存货管理在保证生产经营连续性的同时，尽可能少地占用经营资金，提高资金的使用效率，增强企业短期偿债能力，促进企业管理水平的提高。

二　并购绩效实证研究过程

（一）主成分分析法概述

主成分的概念最早由英国生物统计学家 Karl Pearson 于 1901 年提出，当时仅限于非随机变量的讨论，之后由霍特林（Hotelling）于 1933 年将其扩展到随机变量。在众多领域的研究中，人们为了避免遗漏重要的信息，往往选取与之有关的较多的指标进行分析，这些"指标"在多元统计中也称作"变量"。但选取的变量过多，不但会增加计算量，使本来不复杂的现象变得复杂，而且有可能造成信息的重叠即变量之间可能高度相关，这样会给问题分析和解释带来困难，甚至会影响最终统计分析的结果。因此人们希望对这些变量加以"改造"，用少数的互不相关的新变量反映原始变量所提供

的绝大部分信息，通过对新变量的分析解决问题。① 主成分分析
（Principal Components Analysis）正是解决上述问题的一种行之有效
的方法。主成分分析是利用降维的思想，在力保数据信息损失最少
的原则下，把多个指标转化为少数几个综合指标的一种对多变量数
据进行最佳综合简化的多元统计方法。也就是说，将原来的高维空
间的问题转化为低维空间来处理，显然，问题会变得简单些。它的
主要功能是压缩指标个数，简化数据。通常将转化生成的综合指标
称为"主成分"。主成分是原始变量的线性组合，且主成分之间互
不相关。这样，只需考虑少数几个主成分研究复杂问题，既不丢掉
原始数据主要信息，又容易抓住主要矛盾，避开变量之间共线性的
问题，便于进一步分析，提高分析效率。

主成分分析法的计算步骤如下：②

1. 原始数据的标准化处理

由于原始数据常常具有不同的计量单位和量纲，具有相差较大
的变异，会引起各变量取值分散程度差异较大，这时总体方差主要
受方差较大的变量的控制，而主成分分析优先考虑方差大的变量，
这将导致它在主成分中的地位不同。为了消除量纲影响以及变量自
身变异大小和数值大小的影响，在进行数据分析之前，需将数据进
行标准化处理。数据标准化也就是统计数据的指数化。数据标准化
处理主要包括数据同趋化处理和无量纲化处理两个方面。数据同趋
化处理主要解决不同性质数据问题，对不同性质指标直接加总不能
正确反映不同作用力的综合结果，须先考虑改变逆指标数据性质，
使所有指标对测评方案的作用力同趋化，再加总才能得出正确结
果。数据无量纲化处理主要解决数据的可比性。数据标准化的方法
有很多种，常用的有"最小—最大标准化""Z – score 标准化"和
"按小数定标标准化"等。经过上述标准化处理，原始数据均转换

_____

① 汪冬华：《多元统计分析与 SPSS 应用》，华东理工大学出版社 2010 年版。
② 同上。

为无量纲化指标测评值，即各指标值都处于同一个数量级别上，可以进行综合测评分析。

2. 计算相关系数矩阵

计算相关系数矩阵，检验待分析的变量数据是否适合作主成分分析。若 p 个指标之间完全不相关，压缩指标是不可能作主成分分析的；两个指标之间完全相关，保留一个指标；指标之间有一定的相关性但不完全相关，即 $0 < r < 1$，指标压缩才可能适合作主成分分析。原始变量相关程度超高，降维的效果越好，选取的主成分就会相对少些。

3. 确定主成分

主成分分析希望用尽可能少的主成分包含原始变量尽可能多的信息，一般情况下主成分的个数应该小于原始变量的个数。有以下几条原则可以遵循：一是主成分的累计贡献率。一般来说，累计贡献率达到 70%—90% 就比较满意了。二是特征根。由于特征根等于主成分的方差，所以特征根可以看成是主成分影响力度大小的指标。三是碎石图。碎石图是以主成分为横坐标，特征根为纵坐标的图形。四是综合判断。大量实践表明，如果根据累计贡献率确定主成分个数往往偏多，而用特征根来确定主成分个数往往又偏低。所以，可以先根据碎石图，找到比较平缓时对应的主成分数，然后再结合累计贡献率及特征根来确定合适的主成分数量。

4. 计算主成分得分

若从原 p 个指标提取了 m 个主成分，则

$$y_1 = l_{11}x_1 + l_{21}x_2 + \cdots + l_{p1}x_p$$
$$y_2 = l_{12}x_2 + l_{22}x_2 + \cdots + l_{p2}x_p$$
$$\vdots$$
$$y_m = l_{1m}x_1 + l_{2m}x_2 + \cdots + l_{pm}x_p$$

将 n 个样品的原始变量值代入上式，可以得到每个样品的主成分得分，进行后续的统计分析。后续的统计分析不再使用原始变量，而是使用提取的主成分。

5. 计算综合得分

得出主成分得分后，再用每个主成分的特征根作权数，对每个主成分得分进行加权汇总，最后计算出各样本的综合得分，公式如下：

$$F = (f_1 \times r_1 + f_2 \times r_2 + \cdots + f_m \times r_m) / \sum (r_m)$$

式中，f 指主成分得分，r 指相应的特征根，m 指主成分个数。

（二）实证研究过程

本研究使用 SPSS19.0 进行主成分分析及其他相关数据处理分析，并使用 Excel 进行一些数据的分类汇总处理。SPSS 是社会科学统计软件包（Statistical Package for the Social Sciences）的简称，是公认的最优秀的统计分析软件之一，与 SAS、SYSTAT 并称为最流行的三大通用统计软件。

1. 原始数据标准化预处理

由于原始数据常常具有不同的计量单位和量纲，在进行数据分析之前，需将数据进行标准化处理。在 SPSS 软件中可直接对样本的每股净资产、每股收益、资产报酬率、资产负债率等 14 项指标进行标准化预处理。因资产负债率与其他指标呈负相关关系，故在数据计算过程中取其倒数。

2. 数据检验

在进行分析之前，需检验数据是否适合进行主成分分析。表 5-3 为 KMO 和 Bartlett 的检验结果及相关系数表。其中 KMO 的值为 0.694，P 值为 0.000 < 0.05，由此说明，可以进行主成分分析。

表 5-3   **KMO 和 Bartlett 的检验**

取样足够度的 Kaiser - Meyer - Olkin 度量		0.694
Bartlett 的球形度检验	近似卡方	147310.931
	df	91
	Sig.	0.000

3. 确定主成分

经过前期测试，综合考虑主成分的累计贡献率、特征根及碎石图，最终确定主成分数量为 5 比较合适。在 SPSS 统计软件处理中，分析方法设置为"主成分"，抽取的因子设为 5。运行后得到的结果如表 5 - 4 所示。

表 5 - 4　　　　　　　　　　总体方差方析

成分	初始特征值			提取平方和载入		
	合计	方差百分比（%）	累计百分比（%）	合计	方差百分比（%）	累计百分比（%）
1	4.138	29.555	29.555	4.138	29.555	29.555
2	2.720	19.426	48.980	2.720	19.426	48.980
3	1.924	13.745	62.726	1.924	13.745	62.726
4	1.149	8.207	70.933	1.149	8.207	70.933
5	0.990	7.073	78.006	0.990	7.073	78.006
6	0.873	6.234	84.239			
7	0.597	4.261	88.500			
8	0.545	3.891	92.391			
9	0.487	3.478	95.869			
10	0.192	1.374	97.243			
11	0.157	1.122	98.365			
12	0.123	0.878	99.243			
13	0.094	0.673	99.916			
14	0.012	0.084	100.000			

从表 5 - 4 中可以看出，5 个特征根分别为 4.138、2.720、1.924、1.149、0.990，累计方差贡献率为 78.006%，即 5 个主成分共解释了总变量的 78.006%，大于 75.0%。说明提取 5 个主成分比较合适，能够解释总体的绝大部分信息。

4. 计算主成分得分

在 SPSS 统计分析软件中没有专门的主成分分析模块，是在因子分析模块中进行的。它只能输出主成分载荷矩阵和因子得分，而我们想要得到的主成分得分则需要另外计算。一种方法是根据主成分得分系数矩阵与标准化的原始变量计算主成分得分；另一种方法是使用因子得分乘以相应的方差的算术平方根求出主成分得分。因子得分可在进行主成分分析时，在得分选项中选中"保存为变量"的"回归"，以及"显示因子得分系数矩阵"。因子得分输出结果和原始数据一起显示在数据窗口里，即 FAC1_1、FAC2_1、FAC3_1、FAC4_1、FAC5_1。

我们用第二种方法计算主成分得分，即主成分得分是相应的因子得分乘以相应的方差的算术平方根，公式如下：

主成分1得分 = 因子1得分×4.138 的算术平方根

主成分2得分 = 因子2得分×2.720 的算术平方根

……

主成分5得分 = 因子5得分×0.990 的算术平方根

根据公式，可使用 Excel 中的 SQRT 函数计算出主成分得分。部分主成分得分如表5-5所示。因各自变量已经经过标准化处理，一般来说所有样本各主成分的和应为0。实际操作中，因保留小数位数的误差问题，各主成分的和只是一个趋向于0的数。

5. 计算综合绩效得分

用每个主成分的特征根 r 作为权数，对每个主成分得分 f 进行加权汇总，即可得各样本数据的综合绩效得分 F，公式如下：

$$F = \sum [r_i / \sum (r_i) \times f_i], i = (1, 2, \cdots, 5)$$

综合绩效得分计算部分结果如表5-5所示。

（三）上市公司整体绩效的统计与分析

为方便与我国 2009—2014 年国内 GDP 走势进行比较，本书首先从 14 个财务指标体系中选取最能直接体现上市公司经济效益的 9 个财务指标进行描述性统计分析，计算各指标的平均值。统计结果如表5-6所示。

表 5 - 5 2009—2014 年部分主成分得分及综合绩效得分

股票代码	年份	主成分 1 得分	主成分 2 得分	主成分 3 得分	主成分 4 得分	主成分 5 得分	综合得分
000002	2009	0.01147	- 0.17413	- 1.35009	0.10513	0.09323	- 0.25740
000002	2010	0.61121	0.03626	- 1.64151	- 0.22908	- 0.24389	- 0.09486
000002	2011	0.65934	0.37300	- 1.69448	- 0.62442	0.17124	- 0.00606
000002	2012	0.76326	0.61840	- 1.60786	- 0.97259	- 0.08650	0.04969
000002	2013	0.80185	0.68542	- 1.46721	- 1.42418	- 0.58562	0.01302
000002	2014	0.74565	0.49393	- 1.46269	- 1.46441	- 1.28361	- 0.12269
000004	2009	- 0.65492	- 0.80372	- 1.24940	0.42679	1.29991	- 0.50568
000004	2010	- 0.14873	0.59199	- 1.07645	1.12799	2.43911	0.24122
000004	2011	- 0.57541	- 1.18324	- 0.95225	1.33355	- 0.62271	- 0.59663
000004	2012	- 0.40406	- 0.95001	- 0.52614	1.06493	0.83443	- 0.29468
000004	2013	- 0.52157	- 1.27383	- 1.02429	0.99239	- 0.09585	- 0.59960
000004	2014	- 0.44439	- 0.84077	- 1.31148	0.59154	0.74800	- 0.47879
000005	2009	- 5.44140	- 5.18062	2.00873	- 3.01961	0.07083	- 3.30907
000005	2010	- 1.02098	- 0.45903	- 1.41762	- 0.56465	4.63276	- 0.39029
000005	2011	- 3.05339	- 3.12850	0.03093	- 0.85409	0.13926	- 2.00773
000005	2012	- 0.95532	- 1.22648	- 1.51192	0.30926	1.53696	- 0.76190
000005	2013	- 3.96211	- 3.99137	0.69116	- 1.52381	0.02728	- 2.53119
000005	2014	1.30727	0.16114	- 3.56149	2.64317	- 0.07701	0.17896
…	…	…	…	…	…	…	…

1. 描述性统计

从 2009 年到 2014 年上市公司几个财务指标的描述性统计结果（见表 5 - 6 及图 5 - 1）来看，净利润增长率、营业收入增长率及总资产增长率在 2010 年得到了大幅提高，而后持续下降，营业收入增长率及总资产增长率在 2012 年开始才趋于平稳或略有回升。但净利润增长率在 2011 年后一直为负数，净利润不但没有增长，反而降低了。

表 5 – 6   2009—2014 年上市公司各财务指标年度平均值

年份	2009	2010	2011	2012	2013	2014
每股收益（元/股）	0.45251	0.52929	0.48151	0.35264	0.32367	0.30680
每股净资产（元/股）	3.40650	4.33514	4.63189	4.42034	4.30629	4.29210
资产报酬率（%）	10.77377	10.20117	8.31409	6.28260	5.70074	5.54240
成本费用利润率（%）	17.66456	18.44392	17.21524	13.81632	12.34900	11.91949
净利润增长率（%）	28.94319	39.03697	-12.9190	-54.4852	-29.0792	-54.9128
资产负债率（%）	47.49352	43.94572	41.85057	42.44482	43.75715	44.24330
营业利润率（%）	11.31859	11.95399	11.13382	8.31887	7.53223	6.51516
营业收入增长率（%）	14.22762	33.76543	22.19931	10.19263	14.19259	11.38037
总资产增长率（%）	30.13439	45.88969	31.39023	16.43367	13.52845	16.76265

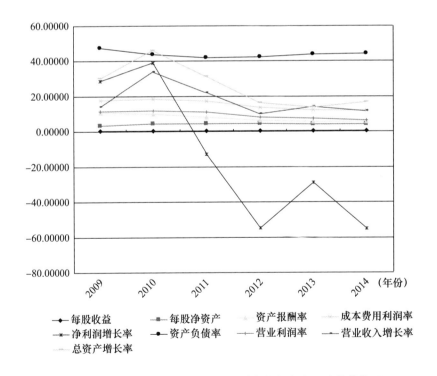

图 5 – 1   2009—2014 年上市公司各财务指标年度平均值趋势图

2. 上市公司整体绩效得分与 GDP 增长率走势图

为了更好地进行对比研究，为后续的研究打下基础，本小节计算出了各年所有 A 股上市公司的平均绩效得分，如图 5 - 2 所示。并且列出了 2009—2014 年国内 GDP 增长率的走势图，如图 5 - 3 所示。

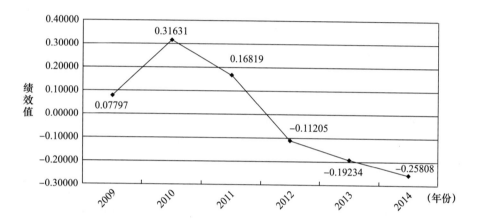

图 5 - 2　2009—2014 年上市公司整体绩效趋势图

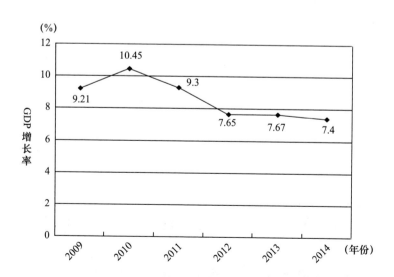

图 5 - 3　2009—2014 年国内 GDP 增长率走势图

从图 5 - 2 和图 5 - 3 中的折线走势可以看出，本书研究得出的上市公司整体绩效得分趋势与国内 GDP 增长率趋势基本一致，上市公司绩效得分走势基本能反映 GDP 增长率的现状，从而也验证了本研究的过程及结果是正确的。

3. 国有、民营上市公司绩效与 A 股上市公司整体绩效的对比

分别统计 2009—2014 年各年度国有、民营及整体上市公司的平均绩效，并作对比分析，如表 5 - 7 及图 5 - 4 所示。

表 5 - 7　　2009—2014 年国有、民营及整体上市公司绩效对比统计

年份	2009	2010	2011	2012	2013	2014
整体	0.07797	0.31631	0.16819	- 0.11205	- 0.19234	- 0.25808
国有	- 0.11094	0.09022	- 0.01682	- 0.18932	- 0.26521	- 0.34590
民营	0.27676	0.55423	0.36287	- 0.03074	- 0.11566	- 0.16566

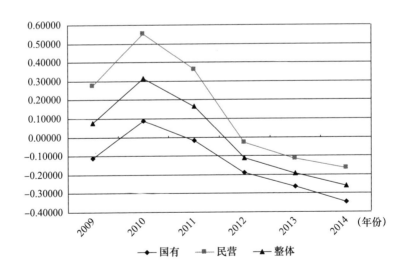

图 5 - 4　2009—2014 年国有、民营及整体上市公司绩效趋势图

表 5 - 7 为国有、民营及整体上市公司绩效得分对比统计表（包括发生并购和未并购的所有公司），图 5 - 4 为其趋势折线图。

从表 5 - 7、图 5 - 4 中可以看出，民营公司的平均绩效一直优于国有公司，其折线一直在国有公司平均绩效的上方。

4. 结论及原因分析

从本节上述图表中可以看出：

第一，沪深 A 股上市公司的整体绩效与我国 GDP 增长率走势基本一致。不管是描述统计的各指标的平均值，还是上市公司整体绩效平均值，其走势图均与我国 GDP 增长率走势图趋势基本一致。第二，各整体经济指标的走势呈现出一定的差别。

从图 5 - 1 各指标走势图来看，2010 年总资产增长率、净利润增长率、营业收入增长率均大幅增加，而营业利润率、资产报酬率并没有大幅增加，资产报酬率反而下降了。

导致上述结果的原因主要是国际经济环境和国家宏观经济政策调控的影响。本节的各图走势与 GDP 增长率走势图趋势基本一致。2009—2010 年为上升趋势，2010 年后一致为下降趋势。这是因为 2008 年发生了全球金融危机，世界经济处于其发展周期的衰退阶段。大部分指标的最高值都出现在了 2010 年，走势图也于该年达到了最高点，原因在于为了应对金融危机，我国实施了一系列的经济调控政策。其中"四万亿"的财政政策对拉动社会经济起到了重要的作用，因此 2010 年达到了一个经济高点。其后，随着各种政策作用的减弱，经济发展开始呈现出下行趋势。

从各指标平均值的走势图来看，由于国家采取了刺激经济增长的政策，如"四万亿"财政政策的刺激，使得 2010 年总资产增长率、营业收入增长率等指标出现大幅上升。但是营业利润率的增幅较小，资产报酬率等指标并没有增加，说明了宏观经济政策的作用具有一定的局限性，盲目的投资，大量的重复建设为后来的经济下行埋下了隐患，这也是后来有人对"四万亿"政策颇有微词的原因。

（四）国有与民营上市公司并购绩效对比分析

本部分将对 2011 年发生并购的 608 家合格样本公司按企业性质

分为国有和民营进行绩效分析。其中国有上市公司 257 家，民营上市公司 351 家，研究结果如表 5 – 8 及图 5 – 5 所示。

表 5 – 8　2009—2014 年国有与民营上市公司并购绩效对比统计表

年份	2009	2010	2011	2012	2013	2014
国有	– 0.08118	0.17095	0.05272	– 0.20729	– 0.26382	– 0.36206
民营	0.30702	0.50002	0.11313	– 0.12794	– 0.16826	– 0.19804
民营 – 国有	0.38820	0.32907	0.06041	0.07935	0.09556	0.16402

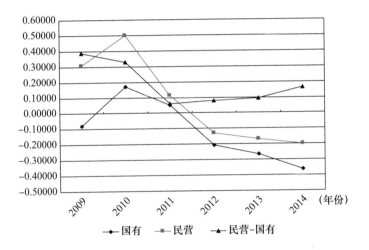

图 5 – 5　2009—2014 年国有与民营上市公司并购绩效对比图

通过表 5 – 8 国有与民营上市公司的绩效得分统计数据对比及图 5 – 5 绩效对比图，可以得出如下结论：

1. 并购后短中期国有与民营上市公司的绩效都呈下降趋势

如图 5 – 5 所示，民营和国有并购公司 2011—2014 年的绩效都呈下降趋势，其原因可以从以下几个方面来说明。

首先，其受到整个国家的经济发展形势的影响。并购后当年及其后 3 年，国有与民营上市公司的绩效都呈现出下降的趋势，而国有并购公司的并购绩效一直是低于整体经济发展水平的，原因在于其受到全球经济发展状况的影响较大。由于全球金融危机后，全球经济出现下滑，国内经济 GDP 增长率自 2010 年后开始下降，并购公司的绩效也呈下降的趋势。

其次，"熵增"现象也是并购后短中期国有与民营公司绩效下降的原因。"熵增"概念的提出，是在"熵"与"热力学第一定律"的基础上提出来的。热力学第一定律认为：能量是守恒的、不灭的，其从一种形式转变到另一种形式。"熵"就是用来测定不能再被转化为功的总能量。"熵增"定律指在相对封闭的不可逆的组织运动过程中会产生无效能量——"熵"，如果没有外界的干预，它是一个不断增加的不可逆的过程。[①]

此后，"熵"被应用于很多研究领域。比如在管理系统中，很多原因可能导致熵增的出现：如系统中各子系统之间存在利益冲突，各部门互相争夺资源，内部矛盾逐渐增长，等等，它们彼此间相互作用、相互影响使系统呈现出效率递减的趋势。由于"熵增"定律存在于每个复杂管理系统中，它在企业管理系统中具体的表现就是企业管理效率递减规律，在此背景下，管理具有很大的作用和意义，管理者必须采取诸如计划、组织、协调、控制等管理手段，以延缓或阻止熵值的不断增加。[②]

"熵增"同样适用于"企业并购"，并购前双方企业的核心生产能力、组织结构、企业制度、生产流程、企业文化等各方面都存在着差异，因此在并购初期，企业出现"熵增"；而要减少"熵增"，就必须得对并购的公司进行整合，企业对这些差异进行整合的过程，实际上就是"熵增"达到最大值后再逐渐减小的过程。

最后，并购风险的存在也会引起公司短中期的并购绩效下降。并购的风险包括并购前的风险，并购中的风险以及并购后的风险。

---

① 胡霞：《基于管理熵的企业增长战略评价体系研究》，硕士学位论文，四川大学，2004 年。

② 吴玲、任佩瑜、陈维政、贺红梅：《管理系统中的熵理论及利益相关者框架下企业综合绩效的熵值评估法》，《软科学》2004 年第 1 期。

并购前的风险包括政策风险、体制风险、法律风险和产业风险等；并购中的风险包括信息不对称风险、财务风险等；并购后的风险主要包括整合风险和偿债风险。在对样本公司进行研究的过程中，发现并购过程中的财务风险整体比较突出，具体表现在支付方式的风险上。样本公司所选择的支付方式情况如表 5 – 9 所示。

表 5 – 9　　　　　　　　不同支付方式事件统计

支付方式	并购事件数（件）	百分比（%）
现金支付	5486	92.95
其他支付方式	221	3.74
股权支付	139	2.36
承担债务式支付	17	0.29
现金和股权混合支付	17	0.29
资产支付	10	0.17
现金和承担债务混合支付	8	0.14
现金和资产混合支付	4	0.07
债券支付	0	0.00
合计	5902	100.00

在 2011 年发生的 5902 起并购事件中，主并公司所采用的并购支付方式包括了现金支付、股权支付、现金和股权混合支付、资产支付、承担债务式支付等。在这些支付方式中，现金支付方式占所有支付方式的比重为 92.95%。这说明，现金支付方式在当前企业并购过程中占据了绝对重要的地位，几乎所有的并购事件最终都是以现金进行支付的。其直接原因在于现金支付是直截了当的并购支付方式。现金支付具有支付简单、快捷，价值稳定，有利于并购公司保持控制权等特点，因此主并公司倾向于选择现金支付作为主要的并购支付方式。

除了上述直接原因外，公司基本不采用股票进行并购支付的深层次原因为：并购公司信息占优程度明显高于目标公司信息占优程度、壳资源效应明显、我国资本市场长期的股权分置特征、对新股发行的规定限制了股票支付方式的运用等。在前面章节已经论述了，现金支付方式相对来说是风险较大的一种方式，大部分的公司都采用了此种并购支付方式，增大了并购的风险，导致并购后绩效呈现出了下降的趋势。

2. 民营公司的并购绩效优于国有公司

并购前，民营公司的绩效下降速度快于国有公司。如图 5 - 5 所示，2009—2010 年，国有和民营上市公司在并购前，由于受到国家宏观经济政策的刺激作用，都呈现出了上升的态势。2010—2011 年，由于经济政策的刺激作用接近尾声，因此两类公司的绩效都有所下降，虽然民营公司的绩效绝对值仍大于国有公司，但其下降速度明显快于国有公司。其原因可能在于国家宏观经济政策对国有公司的刺激作用更大，更倾向于国有公司。

并购后，民营公司的并购绩效相对来说优势更加明显。从图 5 - 5 中民营与国有绩效得分差（民营 - 国有）折线来看，并购前（即 2011 年前）民营上市公司的绩效降低较国有公司快，说明民营公司的绩效相对变差；2011 年发生并购后，公司绩效也相对随之出现转折。虽然民营、国有上市公司绩效得分值都呈现出了下降趋势，但民营公司的下降趋势相对缓慢些，它们的得分差值转为上升趋势。由此说明，在不考虑整个社会经济环境变坏的情况下，民营企业的并购绩效优于国有企业。

总的来说，并购后由于各种原因，两类企业的绩效都呈现出了下降趋势。但是，相对而言，民营上市公司并购后绩效下降的速度较慢，说明民营上市公司的并购绩效优于国有公司。

第三节　基于 Tobin's Q 值法的并购绩效研究

一　Tobin's Q 值研究方法

美国经济学家詹姆斯·托宾为《货币、信贷和银行杂志》的创

刊号撰文——《货币理论的一般均衡方法》，文中提出了 Tobin's Q
理论。"Q"被定义为公司资产的市场价值与其重置成本的比率。该
理论认为，财政货币政策对总需求的影响主要是通过改变 Q 值而实现
的，也就是说，在该模型中投资的多少被当作 Q 值的函数，当 Q 值大
于 1 时，公司就会希望增加资本存量进行投资，当该比率小于 1 时，
公司就减少资本存量不进行投资①。Tobin's Q 值大于 1，说明企业创
造的价值大于投入的资产的成本，表明企业为社会创造了价值，是
"财富的创造者"；反之，则浪费了社会资源，是"财富的缩水者"。

根据上述 Q 值的定义，其计算公式为：

$$Q = 企业的市场价值/企业资产的重置成本 \qquad (5-1)$$

式（5-1）中，企业的市场价值包括企业普通股、优先股和债
务的市场价值；企业资产的重置成本为总资产的账面价值。在此需
要说明的是，由于中国股市的特殊性，股本构成中普通股包括了非
流通股（国有股、法人股）和流通股（A 股、B 股、H 股等，但我
们重点论述的是 A 股的公司，所以 B 股、H 股在此忽略不计）。关
于股本的构成，在中国证券市场成立之初，上市公司的股本就被人
为地分为国家股、法人股和个人股，概括为流通股和非流通股。当
时对国有股流通问题总体上采取搁置的办法，在事实上形成了股权
分置的格局。从 1998 年开始，我国先后进行了国有股减持、股权分
置改革、大小非解禁等的尝试，上市公司的非流通股正在或者将被
改革成为市场上可以流通的股份，今后，随着证券市场的规范与成
熟，上市公司的股票将会实现全流通。另外，优先股在我国股市中
的发行数量很少，我们可不予以考虑。故均衡考虑上述因素后，Q
值公式可以简化为以下形式：

$$Q = （非流通股市场价值 + A 股市场价值 + 负债账面价值）/总资$$
产账面价值 $\qquad (5-2)$

---

① Tobin James A., "General Equilibrium Approach to Monetary Theory", *Journal of money, credit and banking*, No. 1, 1969, pp. 15 – 29.

进一步地，将非流通股转变为流通股后，公式变成：

Q＝（全部股票市场价值＋负债账面价值）/总资产账面价值

$$(5-3)$$

本书将对国有与民营上市样本公司的 Q 值进行计算，主要参考资料和数据来源为样本公司 2009—2014 年的年报以及相关的原始资料。"全部股票的市场价值"计算过程为总股数分别与该股票2009—2014 年最后一个交易日收盘价的乘积；资产和负债的账面价值分别取 2009—2014 年每年 12 月 31 日资产负债表上所记载的资产和负债总额。综上，Q 的具体计算公式如下：

$$Q_{2009} = (总股数 \times 收盘价_{2009年最后一个交易日} + 负债_{2009.12.31}) / 资产_{2009.12.31}$$

$$(5-4)$$

由上述公式可以看出，Tobin's Q 值法是根据股票价格的变动趋势来判断企业的业绩的，因此其也是实证研究中经常采用的事件研究法之一。如前所述，目前对上市公司并购前后业绩好坏的衡量方法有事件研究法和会计研究法，事件研究法要求资本市场的有效性较强，而会计研究法要求上市公司所披露的会计信息真实性较强。虽然中国资本市场的有效性还不强，但它正逐渐走向成熟与规范，逐步向有效市场迈进，股票的价格也日益反映了股票的价值。因此，本书借鉴此方法对公司的并购绩效进行衡量，通过实证结果，进一步验证财务指标法的实证结果。

二　Tobin's Q 值计算及结论分析

（一）Tobin's Q 值计算过程

本书利用上述 Tobin's Q 值的计算公式，以 2011 年并购样本为准，除个别因停牌等原因数据不全外，对这些样本 2009—2014 共 6年的 Q 值进行计算，并按企业性质分国有、民营求取其均值，具体的计算结果如表 5－10 及图 5－6 所示。在此基础上，将民营上市公司按年度的 Tobin's Q 均值减去国有上市公司的 Tobin's Q 均值，得出它们的差值，并将其 Tobin's Q 均值差值与绩效综合得分差值进行比较，如表 5－11 及图 5－7 所示。

表 5 - 10　　　　2009—2014 年 Tobin's Q 平均值及差值统计表

年份	2009	2010	2011	2012	2013	2014
国有	2. 42900	2. 72218	1. 76663	1. 57706	1. 69618	1. 95433
民营	3. 62955	3. 72073	2. 15266	1. 99655	2. 33711	2. 65869
民营 - 国有	1. 20055	0. 99855	0. 38603	0. 41949	0. 64093	0. 70436

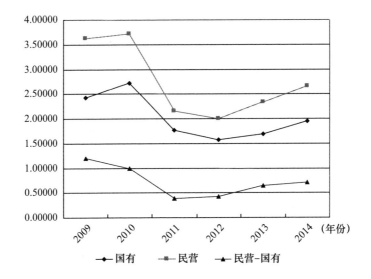

图 5 - 6　2009—2014 年 Tobin's Q 平均值趋势图

表 5 - 11　　　　　　　2009—2014 年 Tobin's Q 均值差值与
绩效综合得分差值表

年份	2009	2010	2011	2012	2013	2014
Tobin's Q 均值差值	1. 20055	0. 99855	0. 38603	0. 41949	0. 64093	0. 70436
绩效综合得分差值	0. 38820	0. 32907	0. 06041	0. 07935	0. 09556	0. 16403

（二）结论

从表 5 - 10 及图 5 - 6 来看：①国有、民营上市公司 Tobin's Q 平均值的折线走势基本一致，并购当年 Tobin's Q 平均值下降明显，

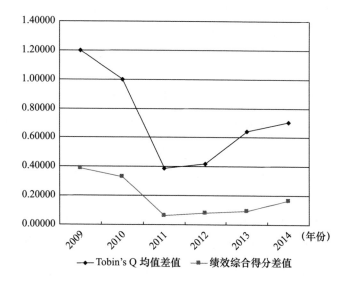

图 5 – 7　2009—2014 年 Tobin's Q 均值差值与绩效综合得分差值对比图

但并购后第一年下降趋势减弱，第二、第三年 Tobin's Q 平均值开始回升。②民营上市公司 Tobin's Q 平均值的折线一直在国有上市公司的上方，说明民营上市公司的业绩要好于国有上市公司，与前述章节中民营并购绩效好于国有的结论一致。③从两者平均值的差值来看，并购前民营上市公司 Tobin's Q 值相对国有上市公司下降明显，但从 2011 年并购开始，其相对差值开始回升，与前述章节民营上市公司并购绩效相对好于国有上市公司的结论一致。

　　从表 5 – 11 及图 5 – 7 来看，民营上市公司与国有上市公司的平均绩效差值折线趋势与其平均 Tobin's Q 均值差值折线走势基本一致，说明两种研究方法得出的结果基本一致。因此，Tobin's Q 值研究法对前述章节的研究结果进行了很好的验证，利用两种方法相互验证实证结果，增强了实证结果的可靠性。进一步也说明了本书的研究方法、过程及结论是正确的。

第四节　本章小结

　　本章根据控股股东特质理论中的股东性质概念，将上市公司分为国有上市公司和民营上市公司。在对两大类公司基于并购模式、并购动机、并购风险偏好分析的基础上，利用财务研究法详细介绍了并购绩效研究的方法、步骤和过程，对国有公司与民营公司的并购绩效，以及并购公司与所有 A 股上市公司的绩效进行对比分析，并利用 Tobin's Q 值法对其进行了验证。得出的结论为：①所有公司的整体绩效与我国 GDP 增长率走势基本一致；②从短中期来看，并购对公司绩效的提升作用有限；③从总体来看，民营公司的并购绩效好于国有公司。

第六章　基于控股股东特质的并购
绩效差异原因分析

第五章对国有和民营两大类公司的并购绩效进行了对比研究，发现并购绩效存在一定的差异。本章将从控股股东的并购行为能力角度出发，从并购决策的自主性程度、并购动机、并购模式及并购风险偏好等并购行为进行原因分析。

第一节　控股股东决策的自主性程度
对并购绩效的影响

根据《公司法》的规定，股东大会是公司的最高权力机关。因此，公司的决策权是由股东大会或者股东大会的代表——控股股东来决定的。控股股东决策自主性程度是在控股股东特质的基础上提出来的。控股股东决策的自主性程度是指控股股东在进行与企业有关的决策时，受其主观意志影响的程度。由于控股股东存在不同的特质，即控股股东在特点、性质、风险偏好或行为能力等方面存在差异，加之不同公司的控股股东所占该公司的股份份额存在差异，导致其决策自主性程度不同。控股股东决策自主性程度以控股股东在公司所有股份中所占的份额来决定对公司决策权力的大小程度。如果控股股东在所有股东中占有的股份比例大，处于控股地位，则该控股股东的决策自主性程度是较高的，决策权力较大。反之，如果控股股东在所有股东中所占股份比例较小，则该股东的决策自主性程度是较低的。如国资委这种特质的控股股东，其在央企中所占的股份比例普遍存在着绝对优势，因此其对公司的决策享有较高的自主权，对决策的权力较大。但是，是否控股股东决策自主性程度越高，公司的绩效就会越好呢？本节将对控股股东决策自主性程度与公司的并购绩效之间的关系进行深入探讨。

并购是所有者财务的内容，并购决策是由股东大会或能代表股东大会的控股股东决定的。本节将用实证研究方法探讨控股股东决策自主性程度与公司的绩效之间的关系。如上所述，当控股股东占有绝对的控股权时，其决策的自主性程度很高；反之则较低。在我国资本市场上，中小股东基本上都是选择"用脚投票"的方式，对公司的决策管理采取"搭便车"的策略。因此，本书采用"第一大股东持股数与前十大股东总持股数的比值"来表示控股股东决策自主性程度的高低。之所以选取前十大股东作为研究对象，是因为只要第一大股东的持股数相对前十大股东来说占比较大，则其就可被看作是该公司的控股股东，其决策自主性程度就较高。在我国国有上市公司中，国有股东经常出现"一股独大"的现象，即国有上市公司的控股股东普遍存在着决策自主性程度较高的现象。但是前面章节的实证分析结果表明，国有上市公司的并购绩效劣于民营上市公司。因此，本节提出如下假设：控股股东的决策自主性程度与绩效不是单纯的线性关系，控股股东的决策自主性程度并不是越高越好，其应存在一个合理的、最佳的区间。本节将对此假设进行验证，探讨出控股股东决策自主性程度和并购绩效的关系，并寻求"第一大股东持股数与前十大股东总持股数的比值"的最佳比值区间。

本书对 2009—2014 年共 13036 个样本数据进行了分析，结果如表 6-1 及图 6-1 所示。从中可以看出，当自主性程度比值小于 50% 时，公司的绩效是正值，而当其大于 50% 时，公司绩效是负值。说明自主性程度比值应小于 50%，并且绩效最高峰值出现在 20%—30%，从 30% 以后，比值越大，绩效越差。因此，本书认为，控股股东决策自主性程度最佳值应在20%—30%的区间，公司的绩效相对是最好的，即公司的自主性程度比较适合公司绩效的提高，本书将20%—30%这个比值区间命名为"控股股东决策自主性程度最有效区间"。

表6-1　控股股东决策自主性程度比值与平均绩效得分统计表

自主性程度比值（%）	0—19	20—29	30—39	40—49	50—59	60—69	70—79	80—89	90—100
频数	119	546	1419	1948	2126	1918	1839	1839	1282
平均绩效	0.258	0.3072	0.26	0.1143	0.0346	−0.065	−0.041	−0.224	−0.289

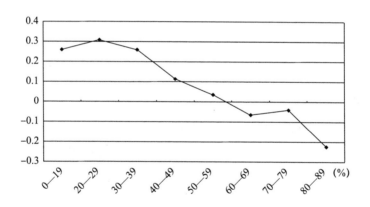

图6-1　控股股东决策自主性程度与平均绩效关系图

在此基础上，对这13036个样本按企业性质进行分类，分别统计国有和民营上市公司在最佳有效区间的样本数占比。如表6-2所示，控股股东决策自主性程度最有效区间中，国有上市公司样本数为154，占全部国有公司样本数的2.31%，民营上市公司样本数为392，占所有民营上市公司样本数的6.16%。由此可以看出，在决策自主性程度最有效区间的国有公司的占比数明显少于民营公司，因此决策自主性程度对企业并购绩效有一定的影响。相对来说，国有公司控股股东的控股程度一般都会比民营公司高，其控股股东的"决策自主性程度"就高。"一股独大"在公司决策问题上就会导致独断专行局面的形成，这不利于企业的可持续性发展。本小节的研究也表明，不考虑政府、政治等其他因素，单纯从企业经济管理绩效出发，控股股东决策自主性程度值应在20%—30%区间为最佳。

表6-2　不同性质公司在"决策自主性程度最有效区间"的占比

企业性质	频数	总数	占比（%）
国有	154	6668	2.31
民营	392	6368	6.16

第二节　内部人控制程度对公司并购绩效的影响

现代公司制企业所有权与经营权相分离,所有者与经营者之间的利益函数也不同,詹森等认为两权分离会产生代理成本,影响企业的绩效水平。内部人控制的直接后果就是增加了公司的代理成本。内部人控制较强的企业，代理成本较高；反之，内部人控制较弱的企业，其代理成本较低。

对于国有上市公司来说，其控股股东或终极控制人是国家各级政府或国资委，其代表国家和人民对国有资产行使所有权，因此，其本质上是国有资产的一级代理人。在具体的资产运作中，国资委或政府又将国有资产委托给公司内部的管理层进行运营管理，由此可以看出，国有资产从真正的所有者到公司内部的管理者，经历了很长的代理链条，会产生多重代理成本。一方面，国家行政部门在代表国家行使资产所有权的过程中，由于其并不是专业的资产管理公司，而且管理的国有资产数量庞大，管理的专业能力有所欠缺，管理方式也难免粗放。另一方面，由于其并不是国有资产的最终所有人，因此它对国有资产管理的盈利动机并没有实际所有人那么强。这些因素就导致国家对公司经理人员的监督不足，这是导致国有公司内部人控制现象的体制性原因。

另外，国有公司普遍存在着内部治理结构不健全的问题，如股东大会流于形式（体现在国有控股或参股公司中），董事会存在不规范现象，部分公司的监事会形同虚设等，这些都是导致国有上市公司内部人控制现象比较严重的主要原因。①

第三节　并购动机对并购绩效的影响

本书在前面章节已经对国有、民营上市公司的并购动机存在的差异进行了分析，本书认为，我国国有上市公司除了具有与民营公司相同的并购动机外，还存在一些特有的并购动机，如推进国有经济布局结构调整、培养具有国际竞争力的大型企业集团、拯救亏损企业、实现地方政府政绩、增加税收、保持就业率、维护稳定等。这些动机有些是以优化产业布局、实现并购后规模经济为目的，如推进国有经济布局结构调整、培养具有国际竞争力的大型企业集团。但是另外的一些动机，如拯救亏损企业、实现地方政府政绩、保持就业率、维护稳定等则反映出了较低的市场化水平，会带来低效率的结果。因此，从国有上市公司特有的并购动机来看，其并购绩效低于民营上市公司是有因可循的。

---

① 汤正需：《国有公司"内部人控制"问题研究》，湖南师范大学，硕士学位论文，2013年。

第四节 并购模式对并购绩效的影响

本节将从并购模式方面对并购绩效的影响进行对比分析。将
2011 年发生并购的样本数据，按并购模式分为股权转让和资产收购
两大类，并对其影响进行对比分析。

一 股权转让、资产收购对并购绩效影响的对比分析

以上述章节计算出的绩效数值为基础，将 2011 年发生股权转让
和资产收购的上市公司进行归类，按年份求取绩效的平均值，得出
股权转让和资产收购模式各年份的综合绩效得分。如表 6 - 3 所示，
最后一行为股权转让绩效得分与资产收购绩效得分的差额。不同模
式并购综合绩效走势图如图 6 - 2 所示。

表 6 - 3　　　　2009—2014 年不同模式并购综合绩效统计表

年份	2009	2010	2011	2012	2013	2014
股权转让	0.13121	0.30696	0.01474	- 0.20949	- 0.24041	- 0.21755
资产收购	0.36484	0.38817	0.12439	- 0.13723	- 0.19261	- 0.29253
股权转让 - 资产收购	- 0.01763	- 0.08121	- 0.10965	- 0.07226	- 0.04780	0.07498

从有关图表可以看出：①并购前（2011 年前），发生股权转让
公司的绩效明显低于发生资产收购公司的绩效。从 2009 年到 2011
年，这种差距还有加大的趋势，两种并购模式绩效得分的差值在
2011 年达到最大值。②并购后，发生股权转让公司的绩效逐渐优于
发生资产收购公司的绩效。将图 6 - 2 中的股权转让公司绩效折线和
资产收购绩效折线对比来看，在 2011 年开始出现转折，并购后股权
转让公司绩效折线逐渐靠近资产收购绩效折线，往后（2011 年
后）差距逐渐缩小，到 2014 年后股权转让公司的绩效甚至超过了

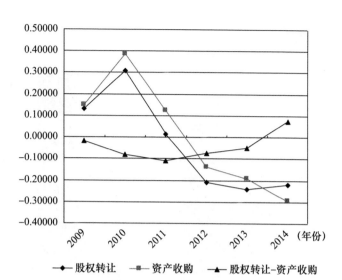

图 6 - 2　2009—2014 年不同模式并购综合绩效走势图

资产收购公司的绩效。

二　国有、民营公司并购模式的选择偏好分析

不同的上市公司控股股东特质不同,其并购决策和行为都存在着较大的差异。公司并购时,控股股东在并购模式的选择上会出现一定的偏好。本节在上节并购模式对并购绩效产生影响的研究基础上,进一步分析国有、民营上市公司对并购模式的选择偏好,以更好地解释为什么民营上市公司并购绩效优于国有上市公司。经过进一步统计,2011 年发生并购事件的企业选择的并购模式统计结果如表 6 - 4 所示,图 6 - 3 为其柱状图。

表 6 - 4　　　　　　　　2011 年并购事件模式选择统计表

	国有		民营	
	事件数(起)	占比(%)	事件数(起)	占比(%)
资产收购	6229	39.96	6259	33.51
股权转让	9359	60.04	12417	66.49
合计	15588	100.00	18676	100.00

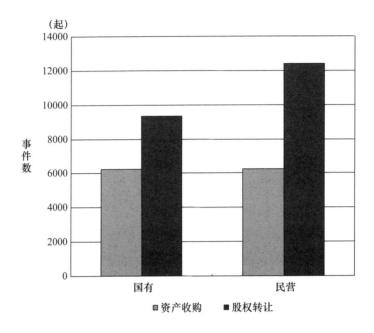

图 6 - 3　2011 年并购事件模式选择统计图

　　如表 6 - 4 所示，在 15588 起国有并购事件中，资产收购占比为 39.96%，股权转让占比为 60.04%；在 18676 起民营并购事件中，资产收购占比为 33.51%，股权转让占比为 66.49%。无论是国有还是民营企业，发生股权转让的事件都比资产收购的多。但从国有、民营对比来看，采取资产收购并购模式的，国有比民营高出 6.45 个百分点；采取股权转让并购模式的，民营比国有高出 6.45 个百分点。因此，相对来说，民营上市公司相对偏好于选择股权转让并购模式。

　　综上所述，通过并购前后的绩效对比可以看出，发生股权转让的公司并购后绩效好于发生资产收购的公司。进一步研究发现，民营上市公司更倾向于股权转让并购模式。因此说明，并购模式对企业并购绩效好坏具有一定的影响力。

第五节　控股股东风险偏好程度
对并购绩效的影响

根据控股股东特质的定义，即"特质是特点、性质、行为能力、风险偏好的综合词"可知，控股股东的风险偏好是控股股东特质的表现之一。资产负债率是评价目标企业财务风险程度的核心指标。因此本书将利用资产负债率指标来判断企业的风险水平。公司的负债水平最终是由控股股东决定的，并购后公司的资产负债率可以反映控股股东的风险偏好程度。公司资产负债率较高的，则控股股东的风险偏好程度也较高；反之，公司资产负债率较低的，则控股股东的风险偏好程度也相应较低。

通过计算，对比全部 A 股整体上市公司与并购上市公司的平均资产负债率，以及对并购的国有与民营上市公司的平均资产负债率进行对比，从而证明控股股东风险偏好对并购绩效的影响。

一　并购上市公司与 A 股整体上市公司资产负债率对比分析

通过对并购的上市公司与 A 股整体上市公司的资产负债率的平均值进行对比，可以判断并购后的公司其风险程度的大小。具体指标数值如表 6－5 和图 6－4 所示。

将表 6－5 和图 6－4 进行对比后发现，发生并购前，并购公司的资产负债率与整体公司的资产负债率相差并不大，但从并购年开始，并购公司的资产负债率明显高于整体公司的资产负债率。说明

表 6－5　　　　　2009—2014 年整体与并购上市
公司平均资产负债率对比表　　　　单位:%

年份	2009	2010	2011	2012	2013	2014
整体	47. 49352	43. 94572	41. 85057	42. 44482	43. 75715	44. 2433
并购	48. 36559	43. 54941	44. 0573	45. 61442	47. 04863	47. 22137

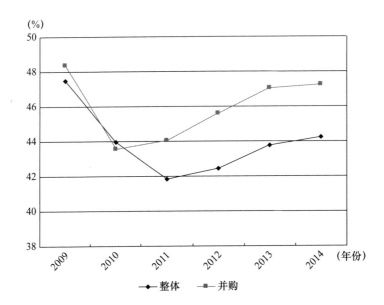

图 6 - 4   2009—2014 年整体与并购上市公司资产负债率平均值走势图

并购后公司的风险程度更高,其中的原因是样本公司的并购支付方式基本都是以现金支付方式为主,而在进行现金支付时,一些企业会选择负债筹集并购所需要的现金等。因此并购后公司的资产负债率就会升高,其杠杆风险也会相应地增加。

二 不同性质并购上市公司资产负债率的对比分析

本节将基于控股股东的特质理论,对不同性质的上市公司的资产负债率进行比较分析,以期对国有和民营上市公司的控股股东的风险偏好水平做出比较。具体的指标值如表 6 - 6 和图 6 - 5 所示。

表 6 - 6   2009 - 2014 年国有与民营并购上市公司平均资产负债率对比表

单位:%

年份	2009	2010	2011	2012	2013	2014
国有	54. 45813	52. 43018	52. 88797	53. 4968	54. 06103	54. 10433
民营	43. 90467	37. 04697	37. 59154	39. 84299	41. 9142	42. 18172

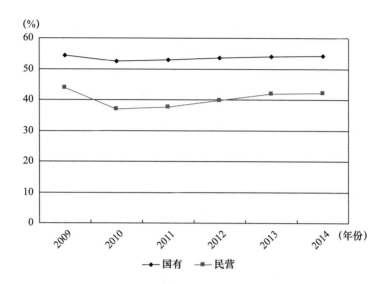

图 6 − 5　2009 − 2014 年国有与民营并购上市公司平均资产负债率对比图

　　从表 6 − 6 和图 6 − 5 来看，民营上市公司的资产负债率都小于国有上市公司。由此可以初步判断民营上市公司控股股东的风险偏好程度较低，国有上市公司控股股东的风险偏好程度较高。

　　国有上市公司的风险程度较高，主要原因在于产权虚置所引起的高代理风险。国有资产的所有者是全国人民，而国家政府部门或者由国家授权经营的机构或组织都只是国有资产的代理人，即全体人民委托国家政府相关机构和部门对国有资产进行运作，此为国有上市公司的第一级委托代理关系。除此之外，国家政府部门又将资产委托给企业管理层，由此形成了一个较长的代理链条。

　　由于所有者缺位，国有上市公司的控股股东在决定公司的经营方针和投资计划时，公司的盈利或者亏损都不直接与其代理人发生关系。且就目前的现实情况来看，即使公司不盈利或亏损，最终也是由国家和全体人民承担风险，不会对股东代理人即管理层形成太大的直接风险。另外，由于国有资产投资的行业一般是关系国计民生的，因此国家相关部门会采取措施对亏损企业进行补救，如中石油、中石化等一些大型国有上市公司。在这些保障条件下，国有股东在决策过程中表现出了较强的风险偏好。

此外，由于国有上市公司的管理层都是行政任命的，其管理能力相对来说较弱，积极性也较低，且目前在现实生活中，各大银行的贷款政策倾斜于国有公司，民营公司在银行贷款方面处于弱势地位，民营公司通过贷款融资的成本很高，甚至贷款困难，这就使得国有公司的资产负债率比较高，而民营公司的相对较低。

综上所述，国有公司的控股股东风险偏好程度较高，而民营公司控股股东的风险偏好程度较低。风险偏好较高，会加大并购风险，降低并购后的整合效率，将对并购绩效产生负面的影响。

第六节　本章小结

本章以控股股东特质的并购行为为出发点，对影响上市公司并购绩效差异的原因进行分析。分别从控股股东决策的自主性程度、内部人控制程度、并购动机、并购模式以及控股股东风险偏好程度等方面分析影响并购绩效的因素。研究发现，控股股东决策自主性程度的最佳区间是20%—30%；国有上市公司的内部人控制程度更高，导致其代理成本更高，绩效略差；在并购动机上，民营上市公司也明显比国有上市公司单纯；对并购模式而言，股权转让模式优于资产收购；并购后，并购上市公司的风险偏好程度比整体上市公司的高，国有公司比民营公司的风险偏好程度高。基于以上原因分析，初步验证了民营上市公司并购绩效优于国有上市公司的结论。

第七章 控股股东特质指数研究设计

前述章节分别从控股股东决策的自主性程度、内部人控制程度、并购动机、并购模式、控股股东风险偏好程度等并购行为能力角度，对影响国有、民营上市公司并购绩效的因素进行了分析。本章将在前述分析的基础上，分别构建控股股东对管理层的控制力指数、整合风险指数和效率指数三大指数模型，并通过多元回归分析对各指数模型进行验证。本章通过构建指数来进一步分析影响并购绩效的因素，以验证实证研究的结论。

第一节 控股股东对管理层的控制力指数设计

公司的股东大会和控股股东做出公司的经营发展等相关决策后，由公司的管理层付诸实施。管理层在对该股东大会的决策执行过程中，控股股东的职责是，将通过外部或内部的治理机制，对公司的管理层进行控制和监管。前面章节提到的控股股东决策的自主性程度主要是针对控股股东的决策制定过程来说的，而控股股东对管理层的控制力主要表现在管理层对控股股东决策的执行程度。如果公司的外部或内部治理机制能够有效运行，可以认为股东对管理层的控制力较强，管理层对控股股东决策的实施较为有效。反之，如果公司的治理机制效率低下，则控股股东对管理层的控制力较弱，管理层对控股股东决策的实施效率较低。从另一个角度来说，由于公司的治理是有效防范公司内部人控制程度的机制，因此，控股股东对管理层的控制力大小可以从公司治理的有效性和公司的内部人控制的程度来看，公司管理层的内部人控制程度较高，则说明控股股东对管理层的控制力较弱，反之其控制力较强。

根据上市公司控股股东特质的概念，不同特质股东的特点、性质、行为能力等存在着差异，本节所提出的控股股东对管理层的控制力是控股股东行为能力的直接体现。本节将尝试性地构建控股股东对管理层的控制力指数，以期直接反映控股股东行为能力的大小。

一 指标的选取

为了综合评价我国上市公司控股股东对管理层的控制能力，本节选取了管理层薪酬营收比、独立董事比例、每股未分配利润、股利支付率、董事长是否兼任总经理等指标构建控股股东对管理层的控制力指数，具体如表 7 - 1 所示。

表 7 - 1 控股股东对管理层的控制力指标

变量名称	变量符号	变量定义	变量赋值
薪酬营收比	X1	（管理层薪酬/营业收入）×100%	
独立董事比例	X2	（独立董事人数/董事会人数）×100%	平均值赋值 50，每增加 1 个百分点，赋值加 0.5；每减少 1 个百分点，赋值减 0.5。最后四舍五入取整数。最高赋值不超过 100，最低不低于 0
每股未分配利润	X3	未分配利润/期末总股本	
股利支付率	X4	（股利总额/净利润总额）×100%	
董事长是否兼任总经理	X5	董事长是否兼任总经理	兼任赋值 100，不兼任赋值 50

二 样本的选取

样本数据为前面章节所做并购绩效分析的数据，即 2011 年发生并购的样本公司 608 家，其中国有上市公司 257 家，民营上市公司

351 家，其并购前两年、并购当年、并购后三年共 3648 个样本记录中数据齐全的样本记录。指标数据来自国泰安数据库及锐思金融数据库。

三　指数的构建

（一）指标数据处理及赋值

为便于计算，需要对从金融数据库中获得的指标数据进行平移、等比变换等标准化处理。为最大程度消除个别异常数据的影响，分别按各个指标数值进行排序，去掉前后各 1% 的样本记录后求取平均值。等于平均值赋值 50，每增加 1 个百分点，赋值增加 0.5，每减少 1 个百分点，赋值减少 0.5，最后四舍五入取整数。最高赋值不超过 100，最低赋值不低于 0，如表 7 - 1 所示。

（二）指数得分计算

采用变异系数法计算权重，变异系数法是直接利用各项指标所包含的信息，通过计算得到指标权重的一种客观赋权的方法。

计算步骤如下：

（1）计算各指标的平均数 $\overline{Q}$ 和标准差 σ。

（2）计算各指标的标准差系数 $V = \sigma / \overline{Q}$。

（3）计算各指标权数 $Z = V_i / \sum V_i$（$i = 1, 2, 3, \cdots, 5$），计算结果如表 7 - 2 所示。

表 7 - 2　　　　　　　　　　各指标权重计算结果

变量名称	样本数 N	均值 $\overline{Q}$	标准差 σ	标准差系数 V	权重 Z
薪酬营收比	3648	40.7900	32.2041	0.7895	0.2709
独立董事比例	3648	49.9707	14.6114	0.2924	0.1003
每股未分配利润	3648	45.5751	29.9530	0.6572	0.2255
股利支付率	3648	40.6916	34.0763	0.8374	0.2874
董事长是否兼任总经理	3648	49.7103	16.7729	0.3374	0.1158

（4）计算各样本的指数综合得分 F = $\sum$ ZX，即控股股东对管理层控制力指数为：

$$F_n = \sum Z_{ni} X_{ni}$$

其中，n = 1，2，3，…，3648；i = 1，2，3，…，5。

（三）结果统计

通过以上步骤分别计算出各样本的综合指数得分值，即各样本公司控股股东对管理层的控制力的相对数值。然后将样本指数得分按企业性质分为国有和民营统计其平均值，并与绩效得分均值进行比较，统计结果如表7-3所示。

表7-3　　　　　　　　按公司性质统计指数均值表

公司性质	指数均值	绩效得分均值
国有	41.2546	-0.1151
民营	45.6552	0.0710

四　指数合理性检验

本节构建了控股股东对管理层的控制力指数模型，通过该指数来衡量上市公司控股股东对管理层的控制水平。本指数是否合理有效，需通过多元回归分析，对它的合理性进行假设检验。

首先进行研究假设，主要包括以下几个假设：

（1）薪酬营收比，即管理层薪酬与营业总收入的比值。一般来说，管理层薪酬越高，越能提高他们对企业管理的积极性，工作效率就越高，即股东对管理层的控制力就越强。

（2）独立董事比例指独立董事人数与董事会人数的比值。上市公司独立董事是指除了担任董事职务外，不在该上市公司担任其他的任何职务。该独立董事与该上市公司或该公司主要股东的关系不能妨碍其进行独立客观的判断。[①] 独立董事占董事会人数的比例越高,对公司经营、发展的客观判断能力就越强,对管理层进行监督和管理的有效性也越强。

(3) 每股未分配利润,指企业留待以后年度进行分配的结存利润,它是公司未来可扩大再生产或是可分配的重要物质基础,反映的是公司历年的盈余或亏损的总积累。每股未分配利润的多少与公司的盈利能力、未来分红能力、管理层可支配的资金数量都有直接的关系。如每股未分配利润越多,则管理层可支配的资金数量也越多,这样公司管理层的工作积极性会更高。另外,还能提高他们对企业管理的积极性,提高其工作效率,反映出股东对管理层的控制力较强。

(4) 股利支付率,也称股息发放率,是指净利润中股利所占的比重。它能够反映公司的股利分配政策和股利支付能力,反映本期经营现金净流量与现金股利的关系。比率越低,说明控股股东对管理层的控制力越弱;反之亦然。

(5) 董事长是否兼任总经理,一般来说董事长兼任总经理,控股股东对管理层的控制力就强;反之,控制力相对就较弱。

一个合理、有效的控股股东对管理层的控制力指数与薪酬营收比、独立董事比例、每股未分配利润、股利支付率、董事长是否兼任总经理等各项指标均呈正相关关系。下面将建立多元线性回归模型,以此检验控股股东对管理层控制力指数的合理性。

模型 1: $F = \beta_0 + \beta_1 X1 + \beta_2 X2 + \beta_3 X3 + \beta_4 X4 + \beta_5 X5 + \varepsilon$

使用 SPSS19.0 统计软件,按照上述模型 1 对样本数据进行回归分析。分析结果如表 7 - 4、表 7 - 5、表 7 - 6 所示。

[①] http://www.csrc.gov.cn/pub/newsite/flb/flfg/bmgf/ssgs/gszl/201012/t20101231_189696.html, 2001 - 08 - 16/2015 - 01 - 24.

表7-4 模型汇总

模型	R	R^2	调整后的 R^2	标准估计的误差
1	0.723[a]	0.523	0.522	10.949842910057598

注：预测变量：（常量），董事长是否兼任总经理、股利支付率、薪酬营收比、每股未分配利润、独立董事比例。

表7-5 方差分析结果

模型		平方和	df	均方	F	Sig.
1	回归	478017.203	5	95603.441	797.366	0.000[a]
	残差	436672.376	3642	119.899		
	总计	914689.579	3647			

注：预测变量：（常量），董事长是否兼任总经理、股利支付率、薪酬营收比、每股未分配利润、独立董事比例。

因变量：指数。

表7-6 偏回归系数结果

模型		非标准化系数		标准系数	t	Sig.
		B	标准误差	试用版		
1	（常量）	10.980	0.843		13.026	0.000
	薪酬营收比	12.390	0.365	0.393	33.931	0.000
	独立董事比例	0.253	0.017	0.168	14.593	0.000
	每股未分配利润	5.026	0.148	0.393	33.855	0.000
	股利支付率	0.135	0.004	0.393	34.177	0.000
	董事长是否兼任总经理	0.150	0.009	0.194	16.902	0.000

　　表7-4是模型汇总，判定系数 $R^2 = 0.523$，调整判定系数为 0.522。表7-5是方差分析结果，F=797.366，P=0.000，通过 F 检验。表7-6是偏回归系数结果，常数项为 10.980，其余各指标回归系数依次为 12.390、0.253、5.026、0.135、0.150。各指标 P 值均为 0，通过 t 检验。这表明模型中因变量与自变量之间存在显著

的线性关系，线性回归方程显著。

五　结果分析

（1）从表7-3按公司性质统计指数均值表来看，国有上市公司控制力指数均值为41.2546，民营上市公司控制力指数均值为45.6552。民营上市公司控股股东的控制力指数大于国有上市公司，说明民营上市公司控股股东对管理层的控制力较强。对应的国有上市公司平均绩效为-0.1151，民营上市公司平均绩效为0.0710，民营上市公司的平均绩效大于国有上市公司，说明民营企业绩效较好。

（2）从回归分析结果来看，各指标系数均大于0，其中排在前两位的是薪酬营收比和每股未分配利润，回归系数值分别为12.390、5.026，远大于其他指标的回归系数。这两项指标对指数模型的影响较大，其数值的大小对控股股东对管理层的控制力起到了决定性的作用。由此说明，高薪还是对管理层有很大的激励作用，能提高他们对企业管理的积极性；未分配利润对管理层的管理效率、对企业的发展也发挥了较大的作用。

总之，民营上市公司控股股东对管理层的控制力较强，并购绩效较好；国有上市公司的控股股东对管理层的控制力较弱，并购绩效也相应较弱。

第二节　整合风险指数设计

上市公司并购后的整合速度和效果差异，也体现了控股股东特质的差异。以国资委这种特质的控股股东为例，上市公司控股股东在进行并购决策的过程中，为了实现产业整合等行政目标，会出现"拉郎配"，那么整个并购过程中就会存在较大的风险。并购前缺乏尽职调查和风险评估，并购后的整合期就会被拉长，整合效果就会比较差，存在着较大的整合风险。整合风险指数也是对控股股东特质进行定量分析时采用的一个指数模型。

一 指标的选取

为了综合评价上市公司并购后的整合风险，本书选取了营业收入增长率（倒数）、资产负债率、利息保障倍数（倒数）、超速动比率（倒数）、产权比率、有形净值债务率、股东权益债务比（倒数）七大指标进行风险指数的构建，具体如表7-7所示。

表7-7　　　　　　　　　　　整合风险指数指标

变量名称	变量符号	变量定义	变量赋值
营业收入增长率（倒数）	X1	（本年营业收入增长额/上年营业收入总额）×100%	
资产负债率	X2	（期末负债总额/资产总额）×100%	
利息保障倍数（倒数）	X3	息税前利润/利息费用	平均值赋值50，每增加1个百分点，赋值加0.5；每减少1个百分点，赋值减0.5。最后四舍五入后取整数。最高赋值不超过100，最低不低于0
超速动比率（倒数）	X4	（速动资产/流动负债）×100%	
产权比率	X5	（负债总额/股东权益总额）×100%	
有形净值债务率	X6	［负债总额/（股东权益－无形资产净值）］×100%	
股东权益债务比（倒数）	X7	（股东权益/带息债务）×100%	

二 样本的选取

样本数据为前面章节所做并购绩效分析的数据，即2011年发生并购的样本公司608家，其中国有上市公司257家，民营上市公司351家，其并购前两年、并购当年、并购后三年共3648个样本记录中数据齐全的样本记录。指标数据来自国泰安数据库及锐思金融数据库。

三 指数的构建

原理、步骤同第一节的第三部分，得出各指标计算结果如表7-8所示。

表7-8　　　　　　　　　各指标权重计算结果

变量名称	样本数 N	均值 $\overline{Q}$	标准差 σ	标准差系数 V	权重 Z
营业收入增长率（倒数）	3648	36.9778	16.6926	0.4514	0.0819
资产负债率	3648	49.9918	23.1593	0.4633	0.0841
利息保障倍数（倒数）	3648	47.1066	21.1986	0.4500	0.0817
超速动比率（倒数）	3648	43.1283	30.2714	0.7019	0.1274
产权比率	3648	41.5156	32.5671	0.7845	0.1423
有形净值债务率	3648	38.4189	32.6306	0.8493	0.1541
股东权益债务比（倒数）	3648	11.8235	21.4085	1.8107	0.3286

计算各样本的指数综合得分 $Y = \sum Z_i X_i$，即整合风险指数为：

$$Y_n = \sum Z_{ni} X_{ni}$$

其中，$n = 1, 2, 3, \cdots, 3648$；$i = 1, 2, 3, \cdots, 7$。

同理，按步骤计算出各样本的综合指数得分，再按企业性质分为国有、民营统计指数均值，结果如表7-9所示。

表7-9　　　　　　　　按企业性质统计指数均值表

公司性质	指数均值	绩效得分均值
国有	32.2857	-0.1151
民营	28.0224	0.0710

四　指数合理性检验

本节采用整合风险指数来对比并购后上市公司的风险水平。本指数是否合理有效，将通过多元回归分析，对它的合理性进行假设检验。

首先进行研究假设，主要包括以下几个假设：

（1）营业收入增长率，指本年营业收入增长额与上年营业收入总额的比率。并购后企业该指标的高低可以体现出整合效率和风险。一般来说，营业收入增长率越高，发展状况越好，企业经营风险越低，与风险指数呈负相关关系。因此，进行数据处理分析时，营业收入增长率取其倒数。

（2）资产负债率是企业负债总额与资产总额的比值。该指标体现了企业的资本结构，资产负债率越高，说明企业通过负债进行融资的比例越大，资本结构的风险也就越大，二者呈正相关关系。

（3）利息保障倍数是指企业生产经营所获得的息税前利润与利息费用的比率。该指标的大小与企业支付负债利息的能力呈正相关关系，与并购后企业的整合风险呈负相关关系。即该倍数越大，并购后企业的整合风险越小。由于二者呈负相关关系，因此在整合风险指数分析中取利息保障倍数指标的倒数。

（4）超速动比率是指速动资产与流动负债的比率。该指标反映了企业可以立即变现并用于偿还流动负债的能力，超速动比率越高，风险越低，二者呈负相关关系。由于整合风险与该比率呈负相关关系，因此整合风险指数分析中取超速动比率指标的倒数。

（5）产权比率是负债总额与股东权益总额的比率，其也是评估企业筹资结构合理性的辅助性指标。产权比率越高，并购后企业的整合风险就越大，因此，与风险指数呈正相关关系。

（6）有形净值债务率是企业负债总额与有形资产净值的比率。有形资产净值是股东权益减去无形资产净值后的净值。该指标实质上是产权比率指标的延伸，表示企业清算时股东权益对债权人所投资本的保障程度。

（7）股东权益债务比是股东权益与带息债务的比率。此处的股东权益是指公司总资产中扣除债务所余下的部分。股东权益金额越大，说明这家公司的实力就越雄厚。股东权益债务比值高，风险就低；反之，风险就高。在风险指数分析中取其倒数。

一个合理的风险指数与产权比率、资产负债率、有形净值债务率呈正相关，数值越高，风险越高。与营业收入增长率、利息保障倍数、超速动比率、股东权益债务比呈负相关关系，数值越低，风险越高。为了统一，呈负相关关系的几个指标取其倒数。下面将建立多元线性回归模型，以此检验风险指数的合理性。

模型 2：$Y = \beta_0 + \beta_1 X1 + \beta_2 X2 + \beta_3 X3 + \beta_4 X4 + \beta_5 X5 + \beta_6 X6 + \beta_7 X7 + \varepsilon$

使用 SPSS19.0 统计软件，按照上述模型 2 对样本数据进行回归分析。回归分析结果如表 7 - 10、表 7 - 11、表 7 - 12 所示。

表 7 - 10　　　　　　　　　模型汇总

模型	R	R^2	调整后的 R^2	标准估计的误差
2	0.964[a]	0.929	0.929	4.497538827547686

注：预测变量：（常量），股东权益债务比（倒数）、利息保障倍数（倒数）、营业收入增长率（倒数）、超速动比率（倒数）、有形净值债务率、产权比率、资产负债率。

表 7 - 11　　　　　　　　　方差分析结果

模型		平方和	df	均方	F	Sig.
2	回归	964221.878	7	137745.983	6809.718	0.000[a]
	残差	73629.394	3640	20.228		
	总计	1037851.272	3647			

注：预测变量：（常量），股东权益债务比（倒数）、利息保障倍数（倒数）、营业收入增长率（倒数）、超速动比率（倒数）、有形净值债务率、产权比率、资产负债率。

因变量：指数。

表 7 – 12   偏回归系数结果

模型		非标准化系数		标准系数	t	Sig.
		B	标准误差	试用版		
2	（常量）	– 0.735	0.244		– 3.011	0.003
	营业收入增长率（倒数）	7.325	1.063	0.031	6.893	0.000
	资产负债率	0.507	0.007	0.640	76.246	0.000
	利息保障倍数（倒数）	18.723	1.012	0.083	18.501	0.000
	超速动比率（倒数）	1.244	0.053	0.129	23.631	0.000
	产权比率	0.018	0.001	0.178	18.301	0.000
	有形净值债务率	0.007	0.000	0.117	16.007	0.000
	股东权益债务比（倒数）	35.256	0.375	0.439	93.894	0.000

表 7 – 10 是模型汇总，判定系数 $R^2 = 0.929$，这表明了自变量解释因变量的程度为 92.9%。表 7 – 11 是方差分析结果，$F = 6809.718$，$P = 0.000$。这表明模型中因变量与自变量之间存在显著的线性关系，线性回归方程显著。表 7 – 12 是偏回归系数结果，常数项为 – 0.735，各指标的回归系数依次为 7.325、0.507、18.723、1.244、0.018、0.007、35.256，各指标 P 值均为 0，通过 t 检验。

五　结果分析

（1）从表 7 – 9 按企业性质统计指数均值表来看，国有企业整合风险指数均值为 32.2857，民营企业风险指数均值为 28.0224。民营企业整合风险指数小于国有企业，而民营企业的平均绩效高于国有企业。说明国有企业的整合风险高于民营企业，风险指数和企业绩效呈负相关关系。

（2）从回归分析结果来看，股东权益债务比（倒数）回归系数为 35.256，远大于其他指标的回归系数。股东权益债务比（倒数）指标对指数的影响较大，其数值的大小对上市企业整合风险发挥着关键作用。

总之，国有上市公司的并购整合风险指数数值比民营上市公司大，并购绩效比民营上市公司差，并购风险指数与并购绩效呈负相关关系。

第三节　效率指数设计

上市公司的治理效果、并购后的整合效果以及控股股东对管理层的行为能力等，最终都要通过公司的效率进行衡量。效率指数是考核上市公司控股股东对管理层的控制力以及上市公司并购后整合效果时所采用的终极指标，也是衡量上市公司控股股东特质差异的最终标准。具体的指数设计过程如下。

一　指标的选取

为了综合评价上市企业的经营效率，选取了净资产收益率、营业利润率、每股收益、每股净资产、股利保障倍数、留存盈余比率六大指标进行效率指数的构建，具体如表 7 - 13 所示。

表 7 - 13　　　　　　　　　　　效率指数指标

变量名称	变量符号	变量定义	变量赋值
净资产收益率	X1	[净利润/(期初股东权益 + 期末股东权益)/2] ×100%	平均值赋值 50，每增加 1 个百分点，赋值加 0.5；每减少 1 个百分点，赋值减 0.5。最后四舍五入取整数。最高赋值不超过 100，最低不低于 0
营业利润率	X2	(营业利润/主营业务收入) ×100%	
每股收益	X3	税后利润/股本总数(取公司的实际披露数)	
每股净资产	X4	净资产/期末普通股股数	
股利保障倍数	X5	(净利润总额 - 优先股股利总额)/普通股股利总额	
留存盈余比率	X6	(1 - 股利支付率) ×100%	

二 样本的选取

样本数据为前面章节所做并购绩效分析的数据，即 2011 年发生并购的样本公司 608 家，其中国有上市公司 257 家，民营上市公司 351 家，其并购前两年、并购当年、并购后三年共 3648 个样本记录中数据齐全的样本记录。指标数据来自国泰安数据库及锐思金融数据库。

三 指数的构建

原理、步骤同本章第一节的第三部分，得出各指标计算结果如表 7 - 14 所示。

表 7 - 14　　　　　　　各指标权重计算结果

变量名称	样本数 N	均值 $\overline{Q}$	标准差 σ	标准差系数 V	权重 Z
净资产收益率	3648	47.6255	30.9354	0.6496	0.4159
营业利润率	3648	46.9263	34.8351	0.7423	0.4753
每股收益	3648	45.3147	33.0836	0.7301	0.4675
每股净资产	3648	47.9827	24.6098	0.5129	0.3284
股利保障倍数	3648	41.9805	35.0701	0.8354	0.5349
留存盈余比率	3648	51.4550	37.3711	0.7263	0.4651

计算各样本的指数综合得分 $H = \sum Z_i X_i$。即效率指数为：

$$H_n = \sum Z_{ni} X_{ni}$$

其中，$n = 1, 2, 3, \cdots, 3648$；$i = 1, 2, 3, \cdots, 6$。

根据权重通过计算得出各样本的综合指数得分，再按企业性质统计指数均值，结果如表 7 - 15 所示。

表 7 - 15　　　　　　按企业性质统计指数均值

公司性质	指数均值	绩效得分均值
国有	46.2573	- 0.1151
民营	46.9938	0.0710

四　指数合理性检验

本节构建了效率指数，采用效率指数来衡量上市公司并购后的效率水平。指数是否合理有效，需通过多元回归分析，对它的合理性进行假设检验。

首先进行研究假设，主要包括以下几个假设：

（1）净资产收益率是净利润与平均股东权益的比率。净资产收益率可以衡量公司运用自有资本的效率，因此其可作为效率指数的指标之一。假设该指标值越高，并购效率就越高；反之则反是。

（2）营业利润率是指企业的营业利润与主营业务收入的比率。该指标直接反映了企业运营的效率和管理者创造利润的能力。假设效率指数与营业利润率指标呈正相关关系。

（3）每股收益指税后利润与股本总数的比率。该指标从所有者权益的角度反映了企业的经营效率，衡量了普通股的盈利能力以及风险水平，是投资者或其他各方利益相关者评价企业盈利能力和做出投资决策的主要指标。假设该指标与效率指数呈正相关关系。

（4）每股净资产。该指标值越高，说明股东拥有的资产现值越多，从而体现出企业经营的高效率。因此假设该指标与效率指数呈正相关关系。

（5）股利保障倍数指净利润总额减去优先股股利总额后与普通股股利总额的比值。其表示企业留存的利润与已发的普通股股利的倍数，一方面反映了企业盈利能力和留存收益的多少；另一方面也反映了企业未来股利分配的能力。该指标与效率指数呈正相关关系。

（6）留存盈余比率。该指标实质上与股利支付率呈反方向变化。留存盈余比率越大，说明企业的效率指数越高。

合理效率指数与净资产收益率、营业利润率、每股收益、每股净资产、股利保障倍数、留存盈余比率呈正相关关系。下面将建立多元线性回归模型，以此检验效率指数的合理性。

模型3：$H = \beta_0 + \beta_1 X1 + \beta_2 X2 + \beta_3 X3 + \beta_4 X4 + \beta_5 X5 + \beta_6 X6 + \varepsilon$

使用 SPSS19.0 统计软件，按照上述模型 3 对样本数据进行回归分析。回归分析结果如表 7 - 16、表 7 - 17、表 7 - 18 所示。

表 7 - 16　　　　　　　　　　模型汇总

模型	R	R^2	调整后的 R^2	标准估计的误差
3	0.945[a]	0.894	0.893	7.936618394594228

注：预测变量：（常量），留存盈余比率、营业利润率、每股净资产、净资产收益率、股利保障倍数、每股收益。

表 7 - 17　　　　　　　　　　方差分析结果

模型		平方和	df	均方	F	Sig.
3	回归	1924611.078	6	320768.513	5092.379	0.000[a]
	残差	229346.268	3641	62.990		
	总计	2153957.346	3647			

注：预测变量：（常量），留存盈余比率、营业利润率、每股净资产、净资产收益率、股利保障倍数、每股收益。

因变量：指数。

表 7 - 18　　　　　　　　　　偏回归系数结果

模型		非标准化系数		标准系数	t	Sig.
		B	标准误差	试用版		
3	（常量）	12.278	0.345		35.576	0.000
	净资产收益率	0.348	0.021	0.162	16.372	0.000
	营业利润率	0.255	0.010	0.157	25.010	0.000
	每股收益	16.327	0.683	0.301	23.893	0.000
	每股净资产	0.989	0.081	0.110	12.216	0.000
	股利保障倍数	0.750	0.042	0.128	17.818	0.000
	留存盈余比率	0.299	0.005	0.474	63.558	0.000

表 7 – 16 是模型汇总，判定系数 $R^2 = 0.894$，这表明了自变量解释因变量的程度为 89.4%。表 7 – 17 是方差分析结果，$F = 5092.379$，$P = 0.000$。表 7 – 18 是偏回归系数结果，常数项为 12.278，六项指标的回归系数依次为 0.348、0.255、16.327、0.989、0.750、0.299，P 值为 0，各指标均通过 t 检验。这表明该模型中因变量与自变量之间存在显著的线性关系，线性回归方程显著。

五　结果分析

（1）从表 7 – 15 按企业性质统计指数均值来看，国有的效率指数均值为 46.2573，民营的效率指数均值为 46.9938，民营上市公司效率指数值大于国有上市公司。说明民营上市公司的效率比较高，企业相对绩效得分较高。效率指数和企业绩效呈正相关关系。

（2）从回归分析结果来看，每股收益回归系数为 16.327，远大于其他指标的回归系数。说明每股收益指标对指数的影响较大，每股收益反映了企业的实际业绩。

第四节　本章小结

本章分别构建了控股股东对管理层的控制力指数、整合风险指数和效率指数三大指数模型。从分析结果与企业绩效的对比来看，控股股东对管理层的控制力指数、效率指数与企业绩效呈正相关关系，整合风险指数与企业绩效呈负相关关系。即控股股东对管理层的控制力指数、效率指数越高，绩效越好，指数越低，绩效越差，整合风险指数则相反。国有企业的控股股东对管理层的控制力指数和效率指数比民营企业低，整合风险指数比民营企业高，这验证了前面章节的研究结果，即民营公司并购绩效高于国有公司的结论。

第八章 提高上市公司并购绩效的对策建议

如前所述，上市公司并购的整体绩效并不显著，国有上市公司的并购绩效略差于民营上市公司。本章在对国有上市公司与民营上市公司并购绩效差异原因分析和控股股东特质指数分析的基础上，提出提升并购绩效的对策建议。

第一节 降低内部人控制程度，提升控股股东对管理层的控制力

有效降低公司内部人控制的程度，提高控股股东对管理层的控制力指数，主要是通过进一步完善公司的内部治理机制来实现的。公司内部治理机制的完善与否，主要判断的标准就是股东大会、董事会和监事会设置是否齐全，且保证其运行效率。对国有上市公司来说，其并购后应从以下几个方面来进行改革。

一 完善股东大会表决机制

首先，要确保股东大会的权利，如股东大会决定公司的经营方针和投资计划，选任董事等的权利。尤其在国有控股上市公司中，控股股东是各级国资委、各级政府或国有企业法人，因此，公司的高管任免权其实都掌握在行政部门手中。而在日常的经营管理中，由于要体现其一定的行政使命，较难将公司的利益和股东利益置于首位。由于国有上市公司的控股股东体现的是行政部门的意志，今后仅确保公司的股东大会对董事会的任免权还不够，还要改变控股

股东单一化、行政化的特点。

其次，可以借鉴国外企业常用的表决权信托机制。我国中小股东一般没有时间或能力参与公司的经营管理，常以"用脚投票"的方式行使自己的权利，为了使中小股东的意志能够得到反映，可以采用表决权信托机制，使公司的意志能够被真实全面地反映出来。

二　规范董事会运行机制

首先，合理分配董事会与经理的职权。董事会与总经理的职责是不同的，他们之间应该是相互制衡的关系。但是在现实中，却存在着董事长兼任总经理的情况，且公司法也予以允许。在这种情况下，董事长实际上就成为公司的内部人，这大大增加了其滥用权力的机会。因此，本书建议完善相关法律法规，规范各种规章制度，还应规定董事长与总经理不能兼任，另外也应该对兼任公司高级管理人员的一般董事的数量和比例进行限制。

其次，进一步完善公司的独立董事制度。独立董事制度产生的背景是英美法系国家的股权相对比较分散，"一股独大"现象非常少，因此一般不会出现某一个股东控制公司的局面，因此很容易出现内部人控制的问题。独立董事制度就是在这一背景下产生的，该制度的目的在于利用外部的力量制约内部人的权力，维护所有股东的权益，这实际上是董事会这一内部机构的适当外部化。完善公司的独立董事制度，其一，要确保独立董事的独立性；其二，要为独立董事的履职创造便利条件；其三，要正确处理独立董事与监事会之间的关系；其四，应不断完善独立董事的约束和激励机制。可借鉴西方国家建立独立董事协会制度的做法，该协会是独立董事的专业化组织，其职责是对独立董事进行考评、激励和约束，并为上市公司推荐独立董事。[①] 只有使上市公司内部治理逐渐实现市场化，才能提高其治理效率。

---

① 李田香、干胜道、谭顺平：《国有与非国有控股上市公司短中期并购绩效比较研究》，《广西民族大学学报》2012 年第 5 期。

三 强化监事会的监督功能

我国部分上市公司出现了监事会功能弱化的问题①，这会提高内部人控制的程度。为了实现公司股东和内部人的权力制衡，应该加强上市公司（尤其是国有上市公司）监事会的监督功能。首先，要严格规定监事的任职资格，要求监事应该具有公司财务、法律或管理等专业知识。可建立监事资格认证制度，通过理论与实践的考核，方能获得监事资格证书，各监事凭资格证书上岗。可尝试建立监事事务所，企业可直接到监事事务所聘用外部监事，而之前由董事长或总经理来任命监事的行为应被杜绝。其次，应该由职工代表大会和股东大会行使监事的提名权，尽量避免由董事会或公司经理提名监事的情况。最后，可以尝试设立监事会的日常办事机构，如设立监事会办公室等。

对我国国有控股上市公司来说，想要加强监事会的监督约束作用，必须积极稳妥地推进国有资产监管改革。在实际操作中，国资委和各地国资局可以直接向相关企业的董事会派出监事，以行使监督权。如2014年，龙口国资局向洼东煤矿、桑园煤矿两家国有独资企业派驻监事会主席和专职监事，结合国有资本改革，向龙口市政府提出拟扩大国有企业派驻监事会企业的请示。经市政府同意，向龙丰集团、公交公司和自来水公司三家国有独资和国有参股企业派驻监事会主席。同时，为提高派驻监事人员的业务水平与工作质量，龙口国资局将于近期组织专业培训和外出参观学习活动，并委托中介机构对派遣监事会的五家企业进行半年度财务审计和绩效评价。

---

① 吕心为：《试论我国上市公司内部监督制度的立法完善》，http：//www. law – lib. com/lw/lw – view. asp? no = 1260&page = 2，2002 – 11 – 25/2013 – 03 – 26。

第二节　降低并购风险

要提高上市公司的并购绩效，总体来说是要采取措施，降低并购风险。如前所述，并购风险主要包括并购前的风险、并购中的风险和并购后的风险。本节从这三方面展开论述，重点论述提升并购后的整合效率，降低并购后的整合风险指数。

一　降低公司并购前的风险水平，强化风险管理

并购前的风险主要是指主并方在进行并购决策时的风险防范。在此阶段，风险防范的重点是对目标企业的选择风险进行防范。对并购对象的选择一般遵循以下原则：并购应适应主并公司的发展战略，能满足主并公司的特定需求。在具体的选择中要考虑以下因素：一是对目标财务状况风险的考虑；二是对目标公司行业风险、人力资源风险的考虑。就本书对资产负债率指标的分析来说，拟并购的目标公司的资产负债率不宜过高，尤其是国有上市公司并购后，要适当降低公司的资产负债率，以减小公司并购后的财务风险。另外，并购时要尽量避免盲目进行混合并购或盲目进入不相关领域，因为从我国混合并购的案例来看，采用多元化战略的企业，经营业绩总体都不太好。

二　降低公司并购过程中的风险

并购过程中的风险主要包括融资风险、管理风险、并购方式的选择风险和并购支付方式风险等。融资风险指的是在为并购筹集资金的过程中遇到的风险，具体包括并购所需资金的总量确定以及筹资方式组合，如自有资金、发行股票和配股或发行新股之间的组合。如果采用股权筹资的方式融资，其直接偿付风险相对而言并不大，但其风险间接体现在股权被稀释、股东的控制权改变，或者业绩难以跟上股本扩张，影响企业在二级市场的形象等。

管理风险指在并购管理过程中呈现出来的风险，主要包括信息、操作及反收购等几方面的风险。信息风险是指收购信息的泄露会引起竞争对手或被目标公司管理层的抵制行为等不良后果。操作风险是由并购的管理操作人员引起的，其掌握了较多的有价值的信息，有可能会利用一些信息进行对自己有利的操作。反收购主要是指目标公司管理层为了防止公司控制权转移而采取的防止收购者收购本公司的行为，主并方同样面临这样的风险。针对上述风险的防范措施主要有：并购工作限定专门的操作人员；进行相对封闭性的筹备和实施工作，并使用高素质、高水平、专业化的人员组成核心操作班子；分析目标公司的股本结构及重要股东，分析管理层的内部控制水平，以防止反收购的出现；等等。

从第六章的分析可知，目前上市公司普遍采用的资产收购和股权转让模式中，股权转让模式的绩效相对较好。因此在今后的并购中，尤其是国有上市公司的并购，应努力实现并购模式的多样化，提升并购模式带来的绩效，降低并购模式的风险。就国有上市公司来说，可以从并购模式方面入手，改变国有上市公司以资产收购为主要并购模式的状态，充分利用其股权转让，甚至拍卖等模式，以盘活闲置国有资产。

另外，据统计，目前并购的支付方式主要是现金支付。要改变并购支付方式单一的局面，必须相应地进行制度改革。自 2005 年股权分置改革启动后，中国资本市场逐渐走向"同股同权"的时代。到 2007 年底，已有约 98% 市值的上市公司已完成或进入股权分置改革程序。2014 年，已经完成的有 2000 多家，尚未完成的还有 S 佳通、S 舜元、S 前锋等几家公司。在此背景下，并购公司与目标公司的信息趋于对称，双方在选择并购支付方式时，可以采取多元化的组合方式，以尽量降低并购的财务风险。

三 降低公司并购后的整合风险

并购的完成，对双方企业来说，只是万里长征走完了第一步[①]。

---

① 黄茂忠、祝甲山、丁素珍：《关于企业购并风险规避的研究》，《技术经济》2000年第 8 期。

企业并购完成后，仍将面临诸多风险，其中最重要的是并购后的整合风险。本书认为，可以对并购后的企业进行流程再造，加速并购后企业的有效整合。

并购前，双方企业在组织结构、核心生产能力、产品生产流程等各方面都或多或少地存在着差异。并购后，双方企业合并在一起，双方企业的制度、组织、业务流程、文化等会出现不同程度的不融合状况，企业组织在并购后短期内很可能会出现混沌无序的状态，此时将这些差异进行有效融合是提升并购后企业绩效的关键。本书认为并购后的企业具备了"耗散结构"的特征，即该系统是一个远离平衡态、开放性和非线性的系统。因此可利用外部力量，引入"负熵流"，最终达到"熵增"不断下降的目的。企业流程再造就是使熵值不断下降的"负熵流"。

（一）企业流程再造的内涵

企业流程是企业完成业务流程、最终获得利润的过程。哈默与钱辟认为流程再造的重点是对企业的整个流程进行根本性的重新思考，并采取行动加以彻底的改革。流程再造是为了使企业的发展更好地适应市场需求，在竞争中获得有利地位。[①] 并购后进行企业流程再造，是为了改变传统的企业管理方式，以期实现较好的并购绩效。

（二）并购后企业进行流程再造的工作步骤

本书借鉴四川大学任佩瑜教授的观点，利用图表法来表示企业流程再造的各步骤，具体步骤如图 8-1 所示。在这个过程中，关键步骤是修改原有的流程或用新流程替换原有流程。

（三）并购后企业流程再造的主要内容

企业流程再造主要包括以下几个方面：

---

① ［美］迈克尔·哈默等：《企业再造》，上海译文出版社 2007 年版。

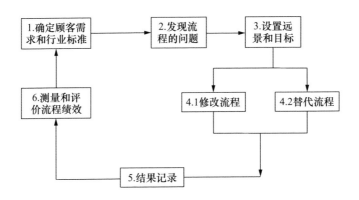

图 8 – 1　企业流程再造的工作步骤图

1. 基于企业核心能力的提高和顾客需求的满足，再造企业业务流程

企业核心能力是指企业在特定经营中的竞争力和优势技能。市场经济条件下，顾客需求千变万化，并购后企业再造应融入业务流程中，应该以提高企业核心能力、满足顾客的需求为终极目标进行流程再造。[①] 业务流程再造包括企业供应链流程再造、生产流程再造、品牌的整合等。

第一，企业供应链流程再造。供应链是一条源自原材料采购，生成中间产品及最终产品，以消费者购买及售后服务为终点的链条。一般情况下，不同的企业构成了这个网络中的不同节点。企业并购后对供应链流程进行再造，主要是重新进行供应链物流网络的设计，如对市场进行整合，对供应商、分销商和渠道商进行调整或更换，对生产和配送计划进行调整和改变等。

第二，生产流程再造。生产流程再造实质上是属于供应链流程再造的一个环节。其包括整合优化或改变原有的生产流程，具体将并购各方企业的生产线、车间和生产技术进行整合再造，尽量使企

---

① 苏伟洲：《中国企业流程再造（CBPR）探析》，《西南科技大学学报》（哲学社会科学版）2003 年第 2 期。

业的生产过程实现规模经济效应。

第三，品牌的整合。主要包括了品牌协同战略和品牌重建战略，前者是对原有品牌进行融合和保留；后者指在原有品牌的基础上新建品牌。[1]

2. 以现代企业制度为目标，再造企业制度基础

在进行企业制度再造时，要注意以下几个方面：首先，市场经济条件下的并购企业进行制度再造应该注重市场和行业标准；其次，并购企业在进行制度再造时，具体的内容包括企业的物资采购制度、生产制度、销售制度、服务制度、信息制度及补偿机制等；最后，制度再造的主要目标之一是将企业打造成学习型组织，新制度能激励企业组织和员工加强学习。[2]

3. 与企业业务流程紧密结合，再造并购后企业的财务管理流程

财务管理流程再造是指对并购双方企业原有的财务管理过程进行融合和再造，以提高财务运作效率。关于企业财务管理活动，一直以来，无论是高校会计专业人才的培养，还是企业财务会计管理理念，都存在着"重财务会计，轻管理会计"的现象。我国的管理会计工作起步较晚，加上市场经济体制的不完善，目前管理会计工作还存在着管理理念错位、内部控制体系不够健全、专业人员比较缺乏、技术基础还不完善、管理规则不统一等方面的问题[3]。在此背景下，2014 年财政部颁布了《财政部关于全面推进管理会计体系建设的指导意见》，明确确立了今后建立管理会计体系的方向。因此，并购后的企业可以利用并购时双方企业重新组合的契机，在进行财务管理流程再造的过程中，加大管理会计体系建设的力度，加快推动管理会计理论创新与应用建设。

---

① 胡俊南等：《向并购背景下的品牌整合——以美的集团为案例》，《管理案例研究与评论》2011 年第 2 期。

② 毛道维、任佩瑜：《基于管理熵和管理耗散的企业制度再造的理论框架》，《管理世界》2005 年第 2 期。

③ 摘自楼继伟在 2014 年 2 月 20 日召开的中国总会计师协会第五次全国会员代表大会上的讲话。

全面推进管理会计体系建设，在企业的财务管理流程再造中，表现为将管理会计活动嵌入企业生产经营活动的每一过程中，实现业务与管理会计的融合。具体的操作过程为：企业借助计算机及网络技术，业务人员将各种业务数据输入管理信息系统中，借助相关软件生成集成财务信息，财务管理人员对这些信息进行提炼，并生成财务分析报告，以供企业管理层决策时使用。谭智俐（2010）也认为，应将财务流程渗透于整个业务流程当中，实现业务和财务的紧密结合。其将这种财务流程再造称为仿生性财务流程再造。[①]

4. 并购后企业的组织结构再造

目前，多数企业的组织结构仍然是金字塔形的传统组织结构。这种组织结构使得各个生产流程由不同的部门经理负责，这就可能会造成企业业务运行过程中信息传递不畅、效率低下等各方面的后果。

并购后的企业进行组织结构再造应该要适应市场和顾客的需求。并购后的组织应该实现结构的扁平化，具体来说应该通过减少行政管理层次，裁减冗余人员，组织不按职能划分部门经理，而是按生产线或者产品的种类来划分，每位经理负责购产销的全过程。此类再造过程，使组织结构由纵向转变成横向，缩短了结构链条，提高了管理效率和信息传递的效率，有利于企业的高效运作。[②]

5. 并购后企业的人力资源再造

因为组织的人事配备是与组织结构相匹配的，并购后企业人力资源再造应该与再造后的企业组织结构相匹配。并购后的企业管理层应该根据新的组织结构合理安排和调整双方的人事，尽量做到人尽其才，才尽其用。与人力资源再造相配合，并购后的企业还应该重新设计或调整薪酬制度，达到有效激励员工的目的。在进行人力资源再造的过程中，应当做好以下几个方面的工作。

① 谭智俐：《仿生性企业财务流程再造机理探索》，《会计师》2010 年第 7 期。
② 张薇：《论企业流程再造与组织结构变革》，《湖南财经高等专科学校学报》2006 年第 6 期。

首先，选派被并购企业主管人员。并购完成后对目标企业最直接有效的控制方法，就是由主并公司直接选派目标公司的主管，当主并企业派出人员去管理目标企业时，这些核心管理人员将主并公司的管理模式和管理文化带到目标企业，加速完成并购后的整合。

其次，要注重与目标企业员工的良好沟通。企业并购完成后，目标企业的员工常常会表现出士气不振，对前途感到悲观，或对主并企业产生逆反心理。因此，要与目标企业的员工进行良好的人际沟通，才能设法消除这些员工的负面情绪，保留住人才。通过沟通，让企业员工了解并购后企业的组织结构、人事任免等信息，传播企业的经营管理模式、企业文化，告知其企业未来的经营方向等；同时还应就工作地点、员工去留、薪资福利状况等内容与员工进行交流，尽量消除因文化差异所造成的障碍，共同建设企业文化。①

最后，进行必要的人事调整。目前的并购案例绝大部分是对被并购企业的员工全部接收，因此有必要对被并购企业的员工进行妥善安排。可以根据员工自评与同事互评，对目标企业员工进行深入详尽的了解，来确定各员工适合的岗位，尽量做到人尽其才，才尽其用。另外，在人力资源再造过程中，应出台一些有效的激励措施以便留住人才。

6. 以企业的业务流程再造为基础，进行"企业文化"再造

企业文化是指企业作为一个特殊的社会群体，通过其长期的生产、经营、组织和生活的运营所形成的基本价值观、目标、信念、道德标准和行为规范等。② 由于并购前，双方企业的文化是有差异的，甚至存在分歧，因此，并购后需进行文化整合，主要包括以下几条途径：一是将优势企业的文化引入目标企业；二是将并购双方

---

① Gary Dessler. *Human Resoure Mangagement*, Prentice – Hall International Inc, 1997: 293.

② 王大陆：《企业并购风险因素分析及其防范》，硕士学位论文，哈尔滨理工大学，2004 年。

原有的文化都摒弃，而用双方都认可的、全新的文化进行替代。在进行文化再造过程中，可将文化再造与其他整合工作结合，有步骤、有方向地向前推进。①

进行并购后企业文化整合时常用的工具是推行 CI（Corporate Identity）战略。企业 CI 战略是为树立良好企业形象而制定的企业战略，这需要对企业自身的文化、行为方式等通过设计视觉识别，进行统一传播，从而制定具有个性的企业文化形象的战略②。CI 的构成要素，主要由理念识别（Mind Identity，MI）、行为识别（Behavior Identity，BI）和视觉识别（Visual Identity，VI）三部分组成③，其中，理念识别和行为识别就是建立在企业文化建设的基础之上的，是企业文化的直接反映，视觉识别是企业文化建设的间接表现。

7. 管理模式的整合再造

在阐述管理模式再造时，必须提及"木桶原理"。其内容为：当一只木桶由许多长短不一的木板围成时，那该木桶盛水量则取决于最短的那块木板。并购后的企业就如一只木桶，各种管理模式集聚在一起，其效率也不在同一水平上，因此在进行管理模式的整合过程中，应该保留效率高的管理模式，摒弃低效的管理模式。成功的管理模式整合，应该是先进的管理模式取代落后的管理模式。如海尔集团就是通过向目标企业输入其自身比较先进的管理模式，即"日事日毕，日清日高"，使并购后企业整体素质获得了较大提高，改变了目标企业的亏损状况。海尔的实践，再一次证明了"管理出效益"的科学理论。④

① 王基建：《企业并购的文化风险及其识别》，《武汉理工大学学报》2002 年第 6 期。
② 王大陆：《企业并购风险因素分析及其防范》，硕士学位论文，哈尔滨理工大学，2004 年。
③ 谯宏：《理性维度的重庆富兴物业发展有限公司组织形象》，硕士学位论文，西南师范大学，2004 年。
④ 叶厚元：《企业并购决策的风险分析》，《统计与决策》2001 年第 9 期。

8. 加强并购后投资者关系管理

并购后企业投资者之间的关系将变得更加复杂，尤其是通过股权转让模式进行并购的企业。比如国有企业并购民营企业，控股股东的性质由民营变成了国有，则并购后的控股股东与目标企业的中小股东之间、目标企业的管理层和员工之间的关系将变得更为复杂。民营控股股东变成国有控股股东后，由于国有控股公司的内部人控制程度可能比较高，并购后由于控股股东性质的转变，企业也可能会由股东控制转变为内部人控制，且控股股东与中小股东之间的利益函数的差别可能较大，导致投资者之间、股东与管理层之间的关系更加复杂。在此情形下应该加强并购后投资者关系管理。投资者之间应加强沟通，实现所有者财务的透明化等。另外，不同股东控制下的企业文化差异比较大，如民营控股的公司可以开除员工，但国有控股股东控制下的企业员工恐怕很难适应这种制度，这就要求在并购的整合过程中需加强沟通和协调，切忌盲目决策。

第三节　提升并购后效率指数

要提升并购后上市公司的绩效，总的来说要提升公司并购后的经济增加值、净资产收益率、主营业务利润率、保障利润、保障股利分配等。从 2011 年开始，我国经济发展进入"新常态"，全球工业发展也进入了"工业 4.0"时代。在此新形势下，提升企业效率主要应从以下几方面进行考虑。

一　以经济增加值指标作为提升效率指数的根本途径

经济增加值就是指企业产生的税后净经营利润与用来产生该利润的资本成本的差值。经济增加值被很多学者称为经济利润。用经济增加值考核管理层的管理效率和企业的绩效水平，企业会努力提高销售业绩，降低各项成本与费用。用该指标进行效率评估，可以统一个人利益与公司的整体利益，能调动管理者的积极性，降低企业的代理成本。更重要的是，当企业经济增加值较大时，其各种利润指标也会随之上升，最终确保效率指数的提升。

对于国有上市公司来说，要提升并购后企业的经济增加值，首先，并购要以优化国有资源配置为目的，并购后应确保国有资本分布在重要领域、关键环节，对于不具备竞争优势的主业，要及时对其进行调整，以保证其有序退出。其次，要强化对投资并购的管理。具体的并购过程中，应当运用价值分析方法，识别并优选出经济增加值回报处于合理区间的项目。

二 适应新常态经济，优化升级经济结构

2008 年全球金融危机后，我国政府采取了积极的财政政策，即增加 4 万亿元的对内投资。因此 2009—2010 年我国经济获得了较快的增长，GDP 增长率也由 9.21% 增长到了 10.45%。随后几年，中国 GDP 增速开始回落，2011—2014 年增速分别为 9.3%、7.7%、7.7%、7.4%，从这个阶段开始，中国经济呈现出新常态。新常态经济的特征主要有：经济从高速增长转为中高速增长，经济结构优化升级，从要素驱动、投资驱动转向创新驱动[①]。中国经济出现新常态主要是由于经济环境的变化引起的。近年来，国际国内经济环境出现了以下几个方面的变化，如全球经济放缓，出口下降；低要素成本的优势迅速减弱；资源环境约束进一步加强；国际市场的竞争更加激烈；"三驾马车"速度放缓等。当国际国内经济环境出现了上述变化时，中国经济的增长就必须依靠转变经济增长模式，通过创新，通过区域合作和促进内需，以满足经济可持续发展的要求。新常态经济就是在对转变经济增长方式和不断调整产业结构的过程中，经济出现中速和可持续发展状态的一种描述。

同时，中国经济是在世界经济处于"工业 4.0"发展阶段，以

---

① http://www.chinanews.com/gn/2014/08 – 10/6477530.shtml, 2014 – 08 – 10/
2015 – 02 – 18.

及中国提出"一带一路"发展倡议和"中国制造 2025"的背景下进入新常态的。近年来，随着信息技术和信息经济发展，新兴制造业开始发展。德国政府率先于 2013 年提出了"工业 4.0"的概念，以推动工业生产制造的升级，由目前的自动化向今后的智能化和网络化方向发展。中国制造业（尤其是传统制造业）存在着自主创新能力不强、产品质量水平较低、资源能源利用效率较低、能耗偏高、环境污染较严重、产业结构不太合理、低端产品产能严重过剩、高端产品制造能力较低等问题，为了应对世界经济发展带来的挑战，促进中国新常态经济的稳定发展，公司之间的并购也应该以"优化升级经济结构"为主要目的，注重长期的并购绩效成长。为此，本书提出了关于优化升级经济结构的几条建议。

（一）利用新"三驾马车"对经济的带动作用

"三驾马车"指的是宏观经济学中带动经济发展的"出口、消费、投资"。新"三驾马车"的具体内容较以前"三驾马车"的内容有了较大的改变。如第一驾"马车"——消费，新型消费是传统消费的升级，即由原来以劳动经济为基础的对一般商品和劳务的消费升级为以知识经济和城市化驱动为基础的消费，比如时尚品牌、高档格调、文化教育和休闲旅游的消费比重将逐渐提升。第二驾"马车"是投资，但投资也由以前以政府主导为主逐渐向以民间创业驱动的创新投资为主。第三驾"马车"是出口，但新常态下的出口将逐渐摒弃"中国制造"式的出口，将被"中国创造"和"中国信用"式出口所取代。①

新"三驾马车"的驱手是制度变革，中国应该使经济增长逐渐摆脱对政府投资和超额货币等的依赖，不断优化升级经济结构，才能让中国经济在新常态下健康持续地发展。

（二）产业结构转型与升级

本书将借鉴林毅夫（2015）的观点，将现在的产业分成五大类

---

① 金岩石：《新常态经济增长的新"三驾马车"》，《中外投资》2015 年第 4 期。

来探讨产业结构的转型和升级。

第一类，追赶型产业。这些产业与发达国家还存在着差距，如发达国家现有的汽车产业、高端装备制造业、高端材料业等。对于追赶型产业，我国可以采用并购国外先进企业的方式，也可以到拥有这些产业的国家设立研发中心，以及进行招商引资。第二类，成熟型产业。这类产业的发展已较为成熟，与国际相比具有发展的优势，或与国际先进水平的差距较小，比如说建筑业、家电产业等。建筑业产能比较先进，尤其是近几年刚投资的，在国内是富余产能，在国际上却非常稀缺。"一带一路"就是以基础设施为抓手的。而家电行业则要加大自主研发力度，进行产品的不断升级。第三类，退出型产业。可以理解为发展潜力不大，已经失去比较优势的夕阳产业，如劳动密集型产业。因此这种产业要么进行升级，进行品牌研发渠道管理，要么就逐渐退出。第四类，弯道超车型产业。其主要是指一种新型的产业，它的研发以人力资本为主，研发周期特别短，比如互联网、移动通信、手机等，该产业需建立智能工厂，利用智能技术。实质上就是适应"工业4.0"的相关产业，这种产业实际上也可被称为智能产业。我们除了通过国内的高科技人员进行实行研发，也可以到国外把新产品概念研发招商引资到国内生产。我们面对着广阔的国际市场，在这方面可以与发达国家在同一起跑线上展开竞争。第五类，战略型产业。这类产业资本投入非常高，而且周期非常长。为了满足国防安全的需要，我们也必须发展这类产业，如大飞机、超级计算机。这类产业必须得到政府补贴与支持，各地政府应该创造良好的环境，把这些产业吸引到当地来，同时还可以实行一些配套措施。

在目前的新常态下，这五种不同产业类型的投资和发展的机会均较多，这些投资都能够使我们的生产率、竞争力和发展的质量有所提高。发达国家的经济在缓慢增长，我们拥有较好的产业升级和投资的机会，以及良好的投资资源，应在此基础上进行经济转型和升级，确保中国经济长期健康地发展。①

（三）大力推进"工业4.0"战略，推动工业的转型升级

推动工业的转型升级，一是将"两化深度融合"作为主要着力点。"两化"即信息化与工业化，把"两化"进行深度融合，才能为推动工业转型升级注入新的动力。二是启动国家智能制造重大专项工程。具体来说包括智能机器人工程、数字工厂应用等。三是推动制造业大数据应用。四是推动信息网络技术与工业融合。五是构建制度保障体系，促进工业的转型升级。六是通过"产学研用"联合推动制造业创新发展。②

第四节　降低公司管理层的代理成本

总体来说，管理层代理成本的高低主要可以通过以下几个指标来表现，包括总资产周转率、自由现金流量存量、销售管理费用率等。本节主要通过这几个指标来分析具体的降低公司管理层代理成本的策略。

一　提升总资产周转率，减少代理成本

资产周转速度与企业绩效呈正相关关系，因此企业并购后要以资产运营效率的提高，资产周转速度的加快为重点进行管理，以减少生产经营活动对资本的占用。加快资产周转的具体做法是：在对生产经营计划进行结合的基础上，首先要合理高效地配置资源。其次是对设备、厂房和其他固定资产的利用周转率进行定期评估，对使用效率较低的资产，应采用各种方式对其进行盘活，以提高其运营效率。对于应收账款，则应该实行催收责任制，降低呆账坏账

---

① 林毅夫：《新常态下中国经济的转型和升级：新结构经济学的视角》，《新财经》2015年第6期。

② 罗文：《德国"工业4.0"战略对我国推进工业转型升级的启示》，《中国电子报》2014年第8期。

率。另外，要加快资金的流通，对生产经营过程中需要的资金进行预算管理，使现金流平稳顺畅，并加速资金融通，尽量减少资金闲置的现象，以提高现金的周转效率。

并购后的公司的控股股东和管理层需要从以上各个方面提高资产的运营效率，加快资产的周转，从而提升并购后公司的运营绩效。

二　降低自由现金流量代理成本

处于成熟期的企业，一般会有较好的业绩表现和经营现金流入，但是投资机会相对较少，因此，成熟期的企业会有较多的自由现金流量，企业拥有的自由现金流量与股利分配能力相匹配。但是，由于企业经营者与投资者的利益函数不同，二者在自由现金流量的支配上会存在着分歧，如股东希望自由现金流量能支付给股东（Jensen，1986），而企业经营者则更倾向于将充裕的现金滞留在企业，以方便进行各项支出。当自由现金流量留存于公司，且用于经理层的随意性支出时，就会产生自由现金流量代理成本。由于企业业绩的增长受高自由现金流量和高随意性支出的影响,[①] 该代理成本的存在会降低企业的经营效率。因此，公司应合理利用自由现金流量，以降低其代理成本。本书将从宏观和微观两方面来阐述提高自由现金流利用效率，降低代理成本的对策。

（一）宏观方面的对策

宏观方面的具体对策主要包括以下几个方面：

首先，规范资本市场，完善保护股东权益的法律法规。虽然我国证券监督管理委员会已于 1992 年成立，《证券法》也于 1999 年颁布，但是证监会多是以行政管制方式介入资本市场，身负多重职责，使得很多时候会顾此失彼，因此，本书建议将证监会的职责单纯化，比如使其专注于保护弱势的中小股民的利益，并加速推出

---

① 符蓉：《自由现金流量、随意性支出和企业业绩变化研究》，博士学位论文，四川大学，2007 年。

《中小投资者保护法》。目前也有相关的研究已经开始建立投资者权益保护指数，我国应设置保护投资者权益的专门机构。只有规范的市场、完善的法律法规才能杜绝强势一方损人利己的行为，降低自由现金流代理成本。

其次，培育控制权交易市场和经理人市场。1965 年曼尼（H. G. Minnie）提出了"公司控制权市场"这一概念，其认为有代理表决权竞争、直接购买股票和兼并三种方式争夺代理权。詹森和鲁巴克则认为兼并与收购是争夺公司控制权的主要方式。假设市场有效，则效率最高的管理团队将获得控制权。因为当企业管理人员的效率较低时，其体现为公司股价将下跌。股价下跌就为市场放出了价值可能被低估的信号，竞争者可能就会通过收购的方式实现对目标企业的控制。上述市场就是控制权交易市场，通过该市场使公司控制权发生转移，淘汰缺乏效率的管理，客观上降低了企业的代理成本。

经理人市场的建立和完善也是降低管理层代理成本的外部接管机制。如果现任的企业管理层效率低下，代理成本高，则公司的股东和董事会就会借助于外部经理人市场，替换现任管理层。但是，目前的经理人市场的发展还有待完善，今后可在以下方面促进经理人市场的发展：废除企业管理层的行政级别制，尤其是国有企业的高管大多由上级行政主管任命，在专业性和积极性方面可能与职业经理人有所区别。创建职业经理人的职业档案，董事会可以通过档案记录了解职业经理人的声誉、能力等。建立经理人才库和人才评估体系，准确无误地传递经理人的特长、信誉等信息，以满足市场对各类特色的经理人才信息的需求。完善相应的职业教育体系，培养适应市场需要的经理人才。

此外，应提升媒体和中介机构的监督作用，媒体对公司的管理层可以起到监督和披露的作用，中介机构可以为企业发展提供专业指导与支持服务，从而达到降低代理成本的目的。目前中介机构面临着发展不全面、竞争不正当的问题，因此有必要采取规范中介服务机构、打造服务品牌的措施。

（二）微观方面的对策

要降低自由现金流量代理成本，需要从企业内部微观方面建立起有效的公司治理、激励和约束机制。

首先，应该完善公司的治理结构。具有健全和完善的公司治理结构是当今公司制企业的特征，是对各方进行有效制衡的重要途径。目前，完善公司治理结构的措施除了前文提到的强化股东大会、董事会决策和监事会的监督职能，还包括适当增加管理层持股、培养理性的机构持股者等举措。应该建立完善的治理机制，鼓励投资者积极"用手投票"，积极发挥独立董事的专业作用，对内部人控制下的自由现金流滥用进行遏制。完善的公司治理结构，可以促进管理层与股东的利益函数保持一致，降低自由现金流量代理成本。

其次，提高企业资本结构的合理性。管理层偏好低杠杆，但是合理的资本结构要有适度的负债，如40%—60%的资产负债率。适度的负债有利于企业持续健康地发展，具体表现在：其一，适度负债可以享受税盾（Taxshield）收益，降低企业融资成本；其二，詹森提出的负债的控制效应将会发生作用。在负债的形式上，Stulz R. 和 H. Johnson（1985）认为通过担保负债（Seeureddebt）这种形式更能够达到约束公司管理层、创造企业的价值增值的目的。

再次，可增加现金股利的支付。支付现金股利最直接的结果就是减少了自由现金流量在公司的存量，这就降低了公司管理层可随意支出的可能性；再者，当公司继续投资项目时，管理层不得不从市场上筹集资金，必将面临更多的来自外界的监督，来自外界的监督可以降低自由现金流量的代理成本。

最后，还可以采取股票回购的方式，减少自由现金流量并降低代理成本。股票回购是指上市公司从股票市场上购回本公司发行在外的一定数额的股票的行为。该行为可以减少管理层可支配的剩余现金流量，也体现出了较为显著的税收优惠效应。对实施股票回购的公司来说，其可以通过此方式改善企业形象，提高公司股票价格；如果企业通过对外举债进行股票回购，则举债行为可以改变企业的资本结构，减小所有者权益资本的比重，从而减少代理成本。

企业定期向外界进行有效的披露也可以达到监督管理层的目的。来自外界的监督有利于减少企业管理层随意性支出的动机，降低自由现金流量代理成本。常见的披露方式有：公告招股说明书、年报、半年报，召开股东大会、听证会，发行企业期刊，建立、更新企业网站，通过大众传媒宣传或者信息邮寄、电话沟通，等等。随着网络的迅速普及运用，网络发布将成为今后企业披露自愿性信息的一种重要渠道（Brennan，2000）。①

对管理层合理的激励机制也可以降低管理层对现金流量随意支出的动机。关于激励机制的具体内容，将在后续章节中进行论述。

三　降低销售管理费用率水平，减少代理成本

管理费用率和销售费用率合称为销售管理费用率，其是反映公司代理成本高低的直接指标。管理费用率的高低直接反映公司管理层的管理效率，管理费用率越高，代理成本就越高。销售费用率是指市场营销费用占销售额的比重，其主要以市场营销人员费用、广告费、市场调查费等形式出现。销售管理费用率的高低与公司代理成本的高低变化趋势相反。当公司自由现金流量存量较高时，公司的管理层就很有可能通过提高管理费用率和销售费用率来侵占公司的自由现金流量，提高了代理成本。因此公司应该建立一种机制来约束管理层，从而降低代理成本。主要的机制包括激励机制、监督机制和制约机制。

就激励机制来说，目前上市公司管理层的激励机制现状存在着薪酬制度不完善、激励形式单一，股权激励较少、激励效果不明

---

① 符蓉：《自由现金流量、随意性支出和企业业绩变化研究》，博士学位论文，四川大学，2007 年。

显，用人制度和分配制度不公平等问题。如我国对管理者的报酬激励方式较为单调，大多为工资和奖金；实施股权激励的公司较少；用人制度和分配制度存在着不公平现象。鉴于上述问题，我国上市公司首先应该完善年薪制，实现报酬激励多样化，实施长期福利计划。其次应加强股权激励。随着股权分置改革有效地开展，国家应该修改相关法规，比如针对通过发行时预留或从二级市场回购用于股权激励的股票问题，给予上市公司更大的灵活性，进一步增强公司股票的流通性。除此之外还需要公司拥有一套完备的管理机制，完善股票定价、行权、兑现以及对管理人员为公司业绩良性发展做出的贡献进行考核和监管，进而在激励的同时也能发挥约束作用。最后应改善人事管理，建立公平的职业经理人市场，建议企业公开开展管理者招聘会、开展实际考核选聘，等等，进而从知识储备、能力、工作经验等方面综合考察并选拔出有利于公司发展的经营者，并为其提供更宽松的工作环境，从而激励管理者的上进心，努力为公司服务。

另外，监督机制是指企业所有者对企业经营、经理行为或决策所进行的一系列客观及时的审核、监察与分析的活动机制；制约机制是指根据企业经营业绩及对经营者行为的监察结果，企业所有者或市场对企业经营者内部控制人做出适时、公正、无情的奖惩决定。① 如果企业具备健全的监督机制与制约机制，则会监督和约束企业经营管理层的行为，使其行为逐渐符合企业所有者的利益。

综上所述，公司应该通过一定的机制，降低销售管理费用，达到降低代理成本的目的。

---

① 陆嵘、王辉：《建立多层次股权激励机制，推进实施国有企业人力资本股权化》，《东华大学学报》（社会科学版）2003 年第 4 期。

第五节　控制控股股东决策自主性程度

根据前文的实证分析，控股股东决策自主化程度的最佳范围是第一大股东占前十大股东股份的 20%—30%。将控股股东决策自主性程度控制在最有效范围，本质上来说就是建立适当的股权集中度。为了提高公司的绩效，提高控股股东的行为能力，降低公司的代理成本，控股股东应该做出适当的调整，使股权结构尽量处于最有效范围内。本书将第一大股东占前十大股东的股份份额为 20%—30% 的股权集中度类型称为"适度集中型"，高于此区间的称为"高度集中型"，低于此区间的称为"高度分散性"。企业应逐步减少第一大股东持股比例至合适区域，尤其是"一股独大"的国有企业。建立"适度集中型"股权比例，提高企业的股权制衡度，改善企业的股权结构，能显著地提高企业的绩效。[1] 本书将从以下几个方面阐述"适度集中型"股权结构的建立。

一　建立"适度集中型"股权结构

并购后公司的控股股东应该意识到股权过于集中会对企业带来负面的影响，应该要有建立"适度集中型"股权结构的意识。再采取一定的举措，建立"适度集中型"股权比例。"适度集中型"股权结构要求公司形成几个大股东，这几个大股东持股数量相对均衡，公司的控制权由这几个大股东共同掌握。由于这些股东所占股份相对较大，因此能激励他们对经营者进行有效的约束;[2] 同时，几个大股东共同掌握控制权，相互之间形成了互相制衡的关系，能

---

[1]　张良、王平、毛道维:《股权集中度、股权制衡度对企业绩效的影响》,《统计与决策》2010 年第 7 期。

[2]　Leech Dennis, "Ownership Structure, Control Type Classifications and the Performance of Large British Companies", *The Economic Journal*, Vol. 101, No. 409, 1991, pp. 1418 – 1430.

有效避免第一大股东"杀鸡取卵"的行为。因此,在股权结构的设置上,应在保证股东对公司管理层有效制约的基础上,将控制权进行适当地分散,使多位较大的股东可以相互制衡,共同参与公司治理。但也要避免出现另一种极端情况,即股权过度分散,因为过度分散的股权将会使股东无力监督和约束公司董事会与管理层。

二 建立投资主体多元化的投资结构

在公司的控股股东意识到建立"适度集中型"股权结构的必要性之后,应该采取具体的措施来建立适当的股权结构。可通过引入多元化的投资主体以实现"适度集中型"股权结构,如引入机构股东和法人股东。在一些西方国家,机构投资者约占所有投资者的3/4,我国证券市场要建立"适度集中型"股权结构,也应积极培育机构投资者和社会法人股。[①] 通过引入机构股和社会法人股,并购后公司可以建立投资主体多元化的投资结构。尤其是国有控股上市公司,应该在保证国家股占据相对控股地位的基础上,由原来的国家占绝对控股的股权结构转变为由国家、企业、投资机构以及个人共同参与治理的多元主体结构。公司治理的法人性只有在这样的结构下才能真正发挥出来,只有在所有制相对集中并使股东之间相对制衡的股权结构下公司治理才能有效进行。因此建立投资主体多元化的投资结构对并购后公司治理绩效的提高非常重要,这也是我国所有上市公司面临的普遍问题。[②]

第六节 提高控股股东决策的市场化程度

国有上市公司和民营上市公司控股股东决策的市场化程度是有

① 谢丽英:《我国钢铁行业上市公司股权结构与治理绩效的相关性研究》,硕士学位论文,北京物资学院,2006 年。

② 马菲娅:《上市公司股权结构与公司治理绩效研究——以钢铁行业为例》,硕士学位论文,燕山大学,2010 年。

差别的。如前所述，国有上市公司的控股股东一方面肩负着国有资产保值增值的任务，另一方面肩负着较多的社会责任，控股股东的决策过程要受到行政部门的掣肘，而不是单纯以市场和效率作为决策的依据。甚至公司的管理层存在着直接行政任命，听命于国家行政部门的现象，这就导致了国有上市公司的控股股东"决策市场化程度"较低。要提升并购绩效，缩小国有上市公司和民营上市公司并购绩效的差距，应提高控股股东决策的市场化程度。因此，在今后的市场改革中，应该在保证国有资产不流失，国有经济占主导地位的基础上，提高控股股东决策的市场化程度，从而增强控股股东的行为能力。本书结合中共中央、国务院《关于深化国有企业改革的指导意见》（以下简称《指导意见》），提出了以下几点对策以提高控股股东决策市场化程度，并最终提升国有上市公司的并购绩效。

一　借鉴"淡马锡"管理模式，建立我国国有资本投资运营管理体系

2015 年 8 月，中共中央、国务院出台了《指导意见》，该意见认为，应该组建我国国有资本投资运营公司，探索有效的国有资本运营模式，通过开展投资融资、产业培育、资本整合，推动产业集聚和转型升级，优化国有资本布局结构；促进国有资本合理流动，实现保值增值。《指导意见》还详细界定了国有资本投资运营公司的性质及权责配置。国有资本投资运营公司的性质是国有资本市场化运作的专业平台。根据该意见，国有资产监管机构应依法对国有资本投资运营公司和其他直接监管的企业履行出资人职责，并授权国有资本投资运营公司对授权范围内的国有资本履行出资人职责。国有资本投资运营公司依法自主开展国有资本运作，对所出资企业行使股东职责，按照责权对应原则切实承担起国有资产保值增值的责任。

关于建立作为国有资本市场化运作专业平台的国有资本投资、运营公司，本书认为可以在《指导意见》的基础上，借鉴新加坡的

"淡马锡"模式，建立具有中国特色的国有资本运营体制。

淡马锡控股有限公司成立于1974年，由新加坡财政部直接管理。其主要任务是管理新加坡的国有资产，由政府进行投资的企业以及所有与政府有关联的企业，都由淡马锡控股有限公司负责。淡马锡的产权经营层级多，管理链条长，其链条包括了从政府到母公司、子公司、分公司等多达六个层级。淡马锡的主要特点包括：财政部拥有淡马锡百分之百的股权，因此财政部绝对控制了淡马锡，国家财政部的作用主要是任命淡马锡董事会的主席和董事；淡马锡向财政部提交财务报告并受其审阅；淡马锡的董事会则主要负责决定公司的经营方针、股息分配及配股，可以自主决定淡马锡的投资决策和资金使用方向等方面。淡马锡的直属下级公司，在性质上都是独立经营、自负盈亏的法人，淡马锡不直接参与公司的经营管理，但是会对其子公司的总体经营状况进行全面监控。另外，淡马锡直属公司以下的各个层级，已经不由淡马锡直接管理，而是由直属子公司实施逐级产权管理。这些层级的公司，参与到市场竞争当中，完全按照市场规则运营。

本书认为，国有资本投资运营公司的组建与运营，可以借鉴新加坡"淡马锡"模式。当然，中新两国具有不同的国情，中国国有资本的数额庞大，因此可以在借鉴"淡马锡"模式的基础上，建立符合中国国情的国有资本投资运营体制。

关于国有资本的运营管理，业内人士也发表了不同看法。2015年2月，北京《华夏时报》报道，据国资委的一位消息人士称，未来三年内，中国央企将从目前的112家缩减到50—60家，国有资产监督管理部门将会"退居二线"。国资委研究中心副主任彭建国建议，"央企可以学'淡马锡'，成立国有资本投资公司"。湖南省社科院经济研究所所长肖毅敏也说，因为中国国有资产数量庞大，远非一个"淡马锡"就能完成的，而是需要通过多个具有财团性质的平台公司来进行。

本书结合《指导意见》精神和淡马锡的经验做法，认为可以建立一个适合中国国情的国有资本投资运营管理体系。该管理体系的具体内容为：在国家层面国资委下可以设立一个一级国有资本投资运营公司，各省（自治区）、直辖市建立二级国有资本投资运营公司，这个二级国有资本投资运营公司就相当于新加坡的淡马锡，其直接受到一级国有资本投资运营公司的控制，而其对下面各级公司的控制和管理，就可以参照新加坡淡马锡的运营模式了。

我国国有资本投资运营管理体系的具体设置情况和链条关系如下：

国资委——一级国有资本投资运营公司（国资委 100% 控股）——二级国有资本投资运营公司（相当于淡马锡控股有限公司，由一级国有资本投资运营公司控股）——直属子公司（由二级国有资本投资运营公司控股）——低层级公司（由直属子公司控股）。

二　将国有公司的直接控股股东转变为企业法人

中国经济学术界中要求对国有企业进行全面私有化的声音一直存在，这种观点认为要让国有企业参与到完全竞争的市场中去，并消除行政性垄断。不可否认，经过多年的经济发展，相当部分的国有企业已经发展成为关系国计民生的大型垄断企业，但这些关系国家安全和国民经济命脉的主要行业和关键领域，在今后很长一段时间内还不能完全参与市场竞争。习近平总书记在 2014 年 8 月召开的中共中央全面深化改革领导小组第四次会议上指出：这些企业"在我们党执政和我国社会主义国家政权的经济基础中也是起支柱作用的，必须搞好。"① 在此背景下，国有企业一方面要确保国家处于其控股股东地位，另一方面又要尽量提升其决策的市场化程度。本书考虑到国有上市公司较长的代理链条，以及所有者虚位和内部人控制现象比较显著的情况，提出了一个既能保护国有资产尽量不流失，又能在一定程度上提升控股股东决策市场化程度的策略，即

---

① 《垄断性国有企业不需要也不能实行私有化》，http://news. xinhuanet. com/politics/2015－04/24/c_ 127729965_ 2. htm，2015－04－21/2015－05－16。

"将国有公司的直接控股股东转变为企业法人"。该策略的具体含义是：当国有上市公司的第一级直接控股股东是各级国资委或各级政府等行政部门时，由于其直接控股股东的特性，使其在决策过程中市场化程度相对较低。此时该国有上市公司可自主寻求与该公司性质相似的国有公司或央企开展合作，将该公司的直接控股股东由另一国有公司或央企等企业法人取代政府行政部门，实现控股股东企业法人化。当控股股东由行政管理部门变为企业法人后，控股股东决策的市场化程度就提高了。

通过改革，国有公司的终极控制人还是国家各级国资委和各级政府，还是全国人民。这同以往国资委改革的思路不太一样，以前国资委改革大多都是拉紧国资委对公司的控股权，因为出让控股权会牵涉到国有资产流失以及管理上的诸多问题。而此策略没有实质转移国有资产的终极控制权，因此不会造成国有资产流失，也不会使国有资产遭受到外国势力的控制。本书认为，此策略是当前提升部分国有上市公司控股股东行为能力，提升其决策市场化程度的有效方法之一。

"将国有公司的直接控股股东转变为企业法人"的策略与上文提出的"建立国有资本投资运营管理体系"存在着以下差别：前者侧重的是国企与国企之间的并购，该策略实施前产权控制层级一般是二级，即国资委（政府）和其控股下的企业。策略实施后，产权控制层级变成了三级。如国资委控股下的 A、B 企业，由于两家企业都由行政部门直接控股，使得其股东决策的市场化程度相对较低。实施该策略后，A 公司被 B 公司直接控股，A 公司的控股股东就由行政部门转变成了企业法人，实现了"控股股东企业法人化"。建立国有资本投资运营管理体系在本质上不是公司之间的并购，而是在现有机构和部门的基础上，新设立各级国有资本投资运营公司，或将符合条件的国有公司改组改建成为国有资本投资运营公司，其股权控制的链条更长。

目前国内上市公司中，已经出现了采用此策略，以提高企业经营绩效的案例。如上海船舶并入中国海运，成为其全资子公司，这是央企与央企之间的并购，上海船舶成为中国海运的子公司，虽然国资委仍然还是上海船舶的终极控制人，但是上海船舶的直接控股股东由中央行政部门变成了中国海运，就行为能力来说，更加专业也更有动力。央企与央企之间进行并购，是缩减央企数量的途径和提高央企治理效率的外部途径，也是提高控股股东决策市场化程度的主要措施。

湖北省国资委也一改以前的改革思路，打算将其旗下最大的上市企业控股权易主。湖北省国资委控股下的中国大冶有色金属集团控股有限公司的控股权将协议转让给中国有色矿业集团。除大冶有色外，湖北国资委旗下的另一家上市公司湖北能源集团股份有限公司也正在筹划将其控股权转让给中国长江三峡集团有限公司，实现地方国企与央企的"联姻"。湖北省国资委的这种改革新思路，关键在于将省属上市公司的控股人由当地政府变成了企业法人，相比之下，企业法人的投资管理能力和动力更强，决策的市场化程度更高。

三 发展混合所有制经济

根据《指导意见》的精神，要大力推进国有企业混合所有制改革。对通过实行股份制、上市等途径已经实行混合所有制的国有企业，要着力在完善现代企业制度、提高资本运行效率上下功夫；对于适宜继续推进混合所有制改革的国有企业，要充分发挥市场机制作用，引入非国有资本参与国有企业改革。同时鼓励国有资本以多种方式入股非国有企业，充分发挥国有资本投资运营公司的资本运作平台作用，通过市场化方式，对发展潜力大、成长性强的非国有企业进行股权投资。鼓励国有企业通过投资入股、联合投资、重组等多种方式，与非国有企业进行股权融合、战略合作、资源整合。

第七节 分类推进国有企业改革

在我国，长期以来，国有企业不时陷入盈利使命与公共服务使命相冲突的尴尬局面。由于以往经济社会体制演进和某些历史因素的影响，国有企业经营活动内容中相当程度上存在商业性与公益性经营活动内容同时存在的状况，而且从产业、行业和具体的经营活动功能延展的关联关系上相互牵扯，因而影响分类考核内容和绩效的评价。根据《指导意见》的精神，将国有企业分为商业类和公益类。此次指导意见一改以往"一刀切"的模式，对国有企业进行分类改革。对待两类国企，国家将在改革、发展、监管和考核等方面采取差异化政策。专家指出，"商业类"应更多关注市场化要求，"公益类"则更多地考虑社会性公益性运营目标。

国企改革走到今天，以往"一刀切"的改革和监管方式越来越显露出弊端，而"分类改革"的迫切性和重要性则凸显出来。准确界定不同国有企业功能并科学分类，是深化国有企业改革的重要的前置性工作。"完善现代企业制度、发展混合所有制经济、改组或组建国有资本投资运营公司等重大改革举措的完善和落地，都需要以清晰界定国有企业功能与类别为前提。"国资委相关负责人表示。

对改革来说，商业类国企以增强国有经济活力、放大国有资本功能、实现国有资产保值增值为主要目标，按照市场化要求实行商业化运作，依法独立自主开展生产经营活动，实现优胜劣汰、有序进退；主业处于充分竞争行业和领域的商业类国有企业，原则上都要实行公司制股份制改革，实现股权多元化，国有资本可以通过绝对控股、相对控股和参股的方式进入企业。当然，如果主业是关系国家安全、国民经济命脉的重要行业和关键领域的商业类国有企业，则必须确保国有资本的控股地位，非国有资本可以参股。公益类国有企业以保障民生、服务社会、提供公共产品和服务为主要目标，必要的产品或服务价格可以由政府调控。这类企业可以采取国有独资形式，具备条件的也可以推行投资主体多元化，还可以通过购买服务、特许经营、委托代理等方式，鼓励非国有企业参与经营。对公益类国有企业，重点考核成本控制、产品服务质量、营运效率和保障能力，根据企业不同特点有区别地考核经营业绩指标和国有资产保值增值情况，考核中要引入社会评价。

对两类企业的发展方向，《关于国有企业功能界定与分类的指导意见》进一步明确了两类国企的定位：商业类国有企业要优化资源配置，加大重组整合力度和研发投入，加快科技和管理创新步伐，持续推动转型升级，培育一批具有创新能力和国际竞争力的国有骨干企业；公益类国有企业要根据承担的任务和社会发展要求，加大国有资本投入，提高公共服务的质量和效率。

在监管方面，商业类国有企业要坚持以管资本为主加强国有资产监管，重点管好国有资本布局、提高国有资本回报、规范国有资本运作、维护国有资本安全；对公益类国有企业，要把提供公共产品、公共服务的质量和效率作为重要监管内容，加大信息公开力度，接受社会监督。

在定责考核方面，对商业类国有企业，明确不同企业的经济效益和社会效益指标要求，制定差异化考核标准，建立年度考核和任期考核相结合、结果考核与过程评价相统一、考核结果与奖惩措施相挂钩的考核制度；对公益类国有企业，重点考核成本控制、产品质量、服务水平、营运效率和保障能力，根据企业不同特点有区别地考核经营业绩和国有资产保值增值情况，考核中要引入社会评价。

分类改革将为全面深化国有企业改革奠定基础。今后，在改革上，国有企业"一股独大"将向多元共存趋势转变；在发展目标上，由笼统讲效益向经济效益与社会效益统一转变；在监管上，将由政府监管向与社会监督结合转变；在评价考核上，将由"一刀切"向差异化转变。

第八节　本章小结

本章针对第六章、第七章的实证分析，提出了提升上市公司并购绩效的策略。提升并购绩效的策略主要有：第一，降低内部人控制程度，提升控股股东对管理层的控制力。具体包括完善股东大会表决机制、规范董事会运行机制、强化监事会的监督功能。第二，降低并购风险。重点是对企业进行并购后流程再造，提升并购后的整合效率。第三，提升并购后效率指数。一方面应以经济增加值指标作为提升效率指数的根本途径；另一方面企业应适应新常态，优化升级经济结构。第四，应有效降低公司管理层的代理成本，具体举措是提升总资产周转率，合理利用公司的自由现金流量，降低自由现金流量代理成本，降低销售管理费用率水平，以达到减少代理成本的目的。第五，应将控股股东决策自主性程度控制在合理范围。具体举措为建立适度集中型股权结构；建立投资主体多元化的投资结构等。第六，应提高控股股东决策的市场化程度。具体包括借鉴新加坡"淡马锡"模式，建立我国国有资本投资运营管理体系；将国有公司的直接控股股东转变为企业法人；发展混合所有制经济等。第七，分类推进国有企业改革。

通过采取上述对策，本书相信上市公司将会实现产业结构转型与升级，上市公司的并购风险和代理成本会相应下降，管理效率将会逐渐提高。而且，国有控股上市公司与民营控股上市公司的并购绩效的差距将会逐渐缩小，真正获得公司并购"1+1>2"的效果。

第九章　结论与研究展望

第一节　结　论

全球和国内的并购浪潮迭起，并购日益成为国内资本乃至国际资本重新组合的主要途径。尤其在中国资本市场，并购已成为最重要的资源整合手段之一。经过对已有研究成果的总结，发现并购对目标公司具有普遍的正收益，而对主并方来说，并没有因为并购本身而获得超额收益。因此，提升并购后公司的绩效，尤其是主并公司的绩效，能有效促进资本市场的健康发展。公司的股东一般包括法人和自然人，我国公司的法人还可以分为国有法人和非国有法人。在现实中，国有法人和非国有法人在进行公司决策时（如并购决策），其目标往往是不同的。国有法人在决策时往往并不单纯以盈利为目的，通常带有一定的行政目标，如国家安全、产业整合、社会稳定、扶持亏损企业、国有资产保值增值等，因而在不同的决策动机下的决策效果也会产生差异。因此，对不同性质特点的所有者的经济财务行为进行对比研究，找出引起差距的原因及提出相应的改进策略，符合中国资本市场健康发展的要求。

控股股东特质理论就是对不同性质特点所有者的行为能力进行研究的理论。该理论是四川大学干胜道教授在其所有者财务理论的基础上，于2011年在其专著《股东特质与企业财务行为研究》一书中提出的。该理论认为，特质是股东特点、性质、行为能力和风险偏好等的综合词,因此控股股东特质就是控股股东的特点、性质、行为能力和风险偏好等的综合词。结合所有者财务理论和控股股东特质理论,本书认为不同特点和性质的所有者(股东),其财务行为能力是存在差异的。

控股股东的财务行为能力包括很多方面。根据所有者财务理论,所有者财务具有完整的内容体系,包括筹资、投资和利润分配。企业并购属于控股股东的重大财务决策,体现了控股股东的意志,因而其属于所有者财务的范畴,是控股股东的财务行为之一。公司的并购行为是公司控股股东财务行为的具体体现,并购绩效的好坏体现了控股股东的行为能力的高低。作为所有者财务行为之一,并购与其他的所有者财务行为一样,都受不同控股股东特质的直接影响,即不同性质的股东,其并购行为能力也是有差异的。作为财务行为之一的并购行为,既包括并购过程中的行为,如并购模式的选择、并购支付方式的选择、并购风险偏好的选择、并购后的整合行为等,还包括引起并购的动机,以及并购行为产生的结果——并购绩效。这些并购动机、并购行为、并购绩效等都受到所有者特质的影响。

本书在控股股东特质理论的基础上,根据控股股东的不同性质,将控股股东分为国有控股股东与民营控股股东,并采用财务研究法、主成分分析法,对国有与民营上市公司、并购公司与 A 股公司的整体绩效进行了对比分析,并得出了绩效对比结论。进一步采用 Tobin's Q 值法,对实证结论进行了检验。在对实证结论进行原因分析时,本书采用的是描述性统计、多元回归分析以及构建指数模型的方法。针对结论和原因分析,本书最后相应地提出了提升并购绩效的措施。

本书就实证样本在研究期内进行研究所得的实证结果如下:①国有、民营公司和所有公司的整体绩效与我国 GDP 增长率走势一致。②从短中期来看,并购对公司绩效的提升作用有限。③从总体来看,民营公司的并购绩效好于国有公司。

对于第一种结果，本书认为其受到国际经济环境和国家宏观经济政策调控的影响；受到中国经济呈现出的"新常态"的影响。对于第二种结果，主要原因在于并购后中短期内企业"熵"值不断增加、并购风险比较大等。对于第三种结果，本书主要是基于控股股东特质理论，通过对两类上市公司控股股东并购行为能力的对比和构建控股股东特质指数来进行分析的。

在对控股股东并购行为能力进行对比研究时，本书分别从控股股东决策的自主性程度、内部人控制程度、并购动机、并购模式以及控股股东风险偏好程度等方面进行。研究发现，并购决策自主性程度的最佳区间是20%—30%，在此区间的民营上市公司所占比例明显高于国有上市公司。国有上市公司的内部人控制程度更高，导致其代理成本更高，绩效略差。在并购动机上，民营上市公司也明显比国有上市公司单纯。对并购模式而言，股权转让模式优于资产收购。据统计，民营上市公司的控股股东倾向于选择股权转让模式，而国有上市公司的控股股东则倾向于资产收购模式。并购后，并购公司的风险偏好程度比整体上市公司的高，国有公司比民营公司的风险偏好程度高。以上的研究从控股股东并购行为能力对比角度初步解释了民营上市公司并购绩效优于国有上市公司的结论。

在构建控股股东特质指数时，本书分别设计了控股股东对管理层的控制力指数、整合风险指数和效率指数三大指数模型。从分析结果与企业绩效的对比来看，控股股东对管理层的控制力指数、效率指数与绩效呈正相关关系，整合风险指数与绩效呈负相关关系。即控股股东对管理层的控制力指数、效率指数越高，绩效越好，指数越低，绩效越差。整合风险指数则相反。国有企业的控股股东对管理层的控制力指数和效率指数比民营企业低，整合风险指数比民营企业高，这进一步验证了民营公司并购绩效高于国有公司的结论。

最后，本书提出了提升上市公司并购绩效的策略。提升并购绩效的策略主要有：第一，降低内部人控制程度，提升控股股东对管理层的控制力。具体包括完善股东大会表决机制、规范董事会运行机制、强化监事会的监督功能。第二，降低并购风险，重点是对企业进行并购后流程再造，提升并购后的整合效率。第三，提升并购后效率指数，一方面应以经济增加值指标作为提升效率指数的根本途径；另一方面企业应适应新常态，优化升级经济结构。第四，应有效降低公司管理层的代理成本，具体举措是提升总资产周转率，合理利用公司的自由现金流量，降低自由现金流量代理成本，降低销售管理费用率水平，以达到减少代理成本的目的。第五，应将控股股东决策自主性程度控制在合理范围，具体举措为建立适度集中型股权结构；建立投资主体多元化的投资结构等。第六，应提高控股股东决策市场化程度，具体包括借鉴新加坡"淡马锡"模式，建立我国国有资本投资运营管理体系；将国有公司的直接控股股东转变为企业法人；发展混合所有制经济等。第七，分类推进国有企业改革。

通过采取上述对策，本书相信中国经济将会实现产业结构转型与升级，公司的代理成本和并购风险会相应下降，管理效率将会逐渐提高并购绩效将逐渐得以提升。国有控股上市公司与民营控股上市公司并购绩效的差距将会逐渐缩小，真正获得公司并购"1+1＞2"的效果。

第二节　研究展望

本书的研究基于控股股东特质理论，理论基础和视角比较新颖，尝试性地设计了符合我国资本市场特征的控股股东特质指数，拓展了控股股东特质理论。本书提出了控股股东决策自主性程度等概念。但是，本书仍然存在一些不足之处，在今后的研究中仍需不断改进。

首先，本书实证研究考察的时间较短，只得到并购公司中短期的绩效结果，没有反映出公司长期的并购绩效。今后的研究可着眼于公司长期的并购绩效的对比研究。

其次，本书对样本数据的选取标准是当上市公司并购规模过小，一年内股权转让或资产收购的交易市值低于 2000 万元时剔除。因此本书的研究结果仅代表并购规模达到一定水平的上市公司的绩效状况。今后的研究可以扩大样本的容量，使研究结果更具有普适性。

最后，本书的创新性和学术水平有待于进一步的提高。今后的研究应该更加注重理论与实务的创新。

参考文献

［1］敖文豪：《基于内部审计视角的公司治理评价体系研究》，硕士学位论文，北京交通大学，2009年。

［2］白英姿：《中央企业并购整合案例精选》，中国经济出版社2013年版。

［3］《财务管理基本财务指标》，http：//wenku.baidu.com/view/47c64e30f111f18583d05a83.html，2012－09－17/2015－01－03。

［4］柏波：《新体制下湘投控股集团有限公司组建与运营研究》，硕士学位论文，湖南大学，2006年。

［5］《国资委要归位出资人》，http：//news.hexun.com/2013－12－10/160444308.html，2013－12－10/2015－01－08。

［6］蔡嘉：《我国上市公司并购支付方式研究》，硕士学位论文，上海大学，2009年。

［7］陈凤娥：《企业重组的财务问题》，《科技经济市场》2006年第3期。

［8］陈建梁、叶护华：《股权分置对上市公司股利分配影响的差异性研究》，《南方金融》2004年第9期。

［9］陈静：《中国上市公司并购动因及长期绩效研究》，硕士学位论文，中共中央党校，2008年。

［10］陈仕华、姜广省、卢昌崇：《董事联结、目标公司选择与并购绩效——基于并购双方之间信息不对称的研究视角》，《管理世界》2013年第12期。

［11］陈仕华、卢昌崇：《国有企业党组织的治理参与能够有效抑制

并购中的"国有资产流失"吗?》,《管理世界》2014 年第
5 期。

[12] 陈仕华、卢昌崇:《企业间高管联结与并购溢价决策——基于
组织间模仿理论的实证研究》,《管理世界》2013 年第 5 期。

[13] 陈树文、刘念贫:《上市高新技术企业高管人员持股与企业绩
效关系实证分析》,《科学学与科学技术管理》2006 年第
2 期。

[14] 陈曦:《上市公司并购支付方式研究现状综述》,《西南金融》
2009 年第 9 期。

[15] 陈小洪、李兆熙:《中国企业并购重组》,中国发展出版社
2010 年版。

[16] 陈玉罡、李善民:《并购中主并公司的可预测性——基于交易
成本视角的研究》,《经济研究》2007 年第 4 期。

[17] 陈玉罡、石芳:《反收购条款、并购概率与公司价值》,《会
计研究》2014 年第 2 期。

[18] 程凤朝、刘旭、温馨:《上市公司并购重组标的资产价值评估
与交易定价关系研究》,《会计研究》2013 年第 8 期。

[19] 程惠芳:《中国民营企业对外投资发展战略》,中国社会科学
出版社 2004 年版。

[20] 初叶萍、胡艳:《企业并购风险识别及决策支持系统的初步框
架设计》,《技术经济与管理研究》2003 年第 5 期。

[21] 崔世娟、孙利、蓝海林:《企业战略重组理论综述》,《江苏
商论》2008 年第 10 期。

[22] 崔永梅、余璇:《基于流程的战略性并购内部控制评价研究》,
《会计研究》2011 年第 6 期。

[23] 崔永梅、张怡菲:《基于并购全过程的 PMI 管理模型及其应用
研究》,《管理世界》2011 年第 6 期。

[24] 崔宇峰:《山西煤炭企业并购中存在的问题及效果分析》,硕
士学位论文,山西财经大学,2012 年。

[25] 单苏建:《我国国有企业资产重组模式研究——以 ABC 集团为例》,硕士学位论文,中山大学,2010 年。

[26] 邓小丁:《湖南同力商贸控股集团组建方案及运行管理研究》,硕士学位论文,湖南大学,2007 年。

[27] 丁友刚:《中国企业重组案例》,东北财经大学出版社 2009年版。

[28] 董慧瑶、梁寒冰:《基于杜邦分析法的戴维医疗盈利能力分析》,《价值工程》2012 年第 34 期。

[29] 杜胜利:《现代企业制度下的公司产权资本管理》,《会计研究》1996 年第 8 期。

[30] 杜育森:《企业并购的资金支付方式与风险防范》,《财务管理》2009 年第 3 期。

[31]《资产收购的基本流程》,http://www. lawtime. cn/info/gong-si/jbsgzcsg/201402282882026. html,2014 – 02 – 28/2015 –04 – 21。

[32] 方芳:《中国上市公司并购绩效的经济学分析》,中国金融出版社 2003 年版。

[33] 方文俊:《管理者过度自信与并购决策及其绩效的实证研究》,硕士学位论文,重庆大学,2007 年。

[34] 房光友:《企业并购理论在我国的应用——论我国政府在企业并购中的作用》,硕士学位论文,西北工业大学,2003 年。

[35] 冯根福、吴江林:《我国上市公司并购绩效的实证研究》,《经济研究》2003 年第 1 期。

[36] 傅鸿源、张仕廉:《投资决策与项目策划》,北京科学出版社2001 年版。

[37] 傅颀、汪祥耀、路军:《管理层权力、高管薪酬变动与公司并购行为分析》,《会计研究》2014 年第 11 期。

[38] 干胜道:《财务分层理论发展述评》,《会计之友》2005 年第4 期。

［39］干胜道:《股东特质与企业财务行为研究》,西南财经大学出版社 2011 年版。

［40］干胜道:《股东特质与企业财务行为之关系研究》,《财会学习》2012 年第 9 期。

［41］干胜道:《论财权分割与财务主体二元性》,《财会月刊》(理论版) 2006 年第 6 期。

［42］干胜道:《所有者财务论》,西南财经大学出版社 1998 年版。

［43］干胜道:《所有者财务再探——兼与解群鸣、伍中信同志商榷》,《四川会计》1999 年第 5 期。

［44］高红梅:《企业并购风险分析与防范》,硕士学位论文,沈阳工业大学,2006 年。

［45］高山:《新加坡淡马锡模式的经验与启示》,《北京经济管理干部学院学报》2007 年第 2 期。

［46］廖拥平:《中国上市公司并购绩效研究》,硕士学位论文,苏州大学,2003 年。

［47］高燕燕、黄国良:《政府干预和内部人控制与企业多元化研究》,《技术经济与管理研究》2015 年第 3 期。

［48］《中国家电业分析——家电大佬并购消化期》,http: //blog. sina. com. cn/s/blog_ 5dde561a0100kl61. html, 2010 - 07 - 19/2015 - 04 - 16。

［49］郭建琴:《山西煤炭企业并购效应研究》,硕士学位论文,山西财经大学,2014 年。

［50］何华庆:《国有企业公司治理评价体系研究》,《合肥工业大学学报》2006 年第 2 期。

［51］胡建平:《基于公司治理的自由现金流量控制研究——来自中国上市公司的经验证据》,博士学位论文,四川大学,2009 年。

［52］胡磊:《我国企业并购决策研究——基于产权角度》,《中国商贸》2012 年第 36 期。

［53］ 胡霞、任佩瑜：《基于管理熵的企业增长战略评价体系研究》，硕士学位论文，四川大学，2004 年。

［54］ 胡晓明、赵东阳、孔玉生、赵弘：《企业异质与可比公司赋权——基于并购的非上市公司估值模型构建与应用》，《会计研究》2013 年第 11 期。

［55］ 胡雅超：《并购对我国上市公司经营绩效的影响分析》，硕士学位论文，合肥工业大学，2009 年。

［56］ 胡正梁：《如何看待"刘易斯拐点"》，《山东经济战略研究》2010 年第 7 期。

［57］ 淮莹莹：《农业上市公司股权结构治理效应研究》，硕士学位论文，山西财经大学，2013 年。

［58］ 黄本多：《基于自由现金流量的我国上市公司并购绩效研究》，博士学位论文，四川大学，2010 年。

［59］ 黄茂忠、祝甲山、丁素珍：《关于企业购并风险规避的研究》，《技术经济》2000 年第 8 期。

［60］ 黄速建：《国有企业改革三十年：成就、问题与趋势》，《首都经济贸易大学学报》2008 年第 6 期。

［61］ 黄晓楠、瞿宝忠、丁平：《基于 EVA 的企业并购定价改进模型研究》，《会计研究》2007 年第 3 期。

［62］ 黄颖：《浅析耗散结构理论在我国会计制度中的应用》，《绍兴文理学院学报》（哲学社会科学版）2010 年第 5 期。

［63］ 贾国军：《财务管理学》，经济管理出版社 2006 年版。

［64］ 姜付秀、张敏、刘志彪：《并购还是自行投资：中国上市公司扩张方式选择研究》，《世界经济》2008 年第 8 期。

［65］ 蒋海燕：《所有权性质、审计意见类型与股权融资成本——来自沪深两市 A 股市场的经验证据》，《财会通讯》2011 年第 24 期。

［66］ 康丽：《我国旅游业上市公司股权结构与代理成本关系的实证研究》，硕士学位论文，海南大学，2013 年。

［67］赖斌慧:《资产剥离的财务绩效:理论与实证》,硕士学位论文,北京交通大学,2009年。

［68］李国强、李初:《我国民企并购的动因及政策建议》,《中国经济时报》2010年1月19日。

［69］李洪、张德明:《独立董事与公司治理绩效的灰色关联分析》,《经济管理》2006年第18期。

［70］李杰、李捷瑜、黄先海:《海外市场需求与跨国垂直并购——基于低端下游企业的视角》,《经济研究》2011年第5期。

［71］李晶:《国有企业随意性收益支出与自由现金流量相关性研究》,硕士学位论文,安徽财经大学,2013年。

［72］李静、张桂杰:《企业并购中的支付方式选择》,《合作经济与科技》2015年第3期。

［73］李俊良:《浅析企业营运能力》,《中国证券期货》2013年第5期。

［74］李敏:《股票市场投机性泡沫测度研究》,硕士学位论文,大连理工大学,2009年。

［75］李青原、田晨阳、唐建新、陈晓:《公司横向并购动机:效率理论还是市场势力理论——来自汇源果汁与可口可乐的案例研究》,《会计研究》2011年第5期。

［76］李善民、曾昭灶、王彩萍、朱滔、陈玉罡:《上市公司并购绩效及其影响因素研究》,《世界经济》2004年第9期。

［77］李善民、陈玉罡、辛宇:《并购的价值创造、产业重组与经济安全国际会议综述》,《管理世界》2010年第1期。

［78］李寿喜:《产权、代理成本和代理效率》,《经济研究》2007年第1期。

［79］李涛:《国有企业混合所有制改革中的困难分析》,《改革与开放》2015年第5期。

［80］李田香、干胜道、谭顺平:《并购后企业流程再造研究》,《经济纵横》2012年第3期。

［81］李田香、干胜道、谭顺平：《国有与民营控股上市公司短中期并购绩效比较研究》，《广西民族大学学报》（哲学社会科学版）2012年第5期。

［82］李田香、干胜道：《并购后企业财务管理再造研究》，《特区经济》2012年第1期。

［83］李田香、干胜道：《基于"管理熵"的并购后企业财务管理再造研究》，中国会计学会高等工科院校分会第十八届学术年会（2011）论文集。

［84］李田香、谭顺平：《并购在上市公司治理效率中的作用》，《人民论坛》2012年第29期。

［85］李田香：《企业并购绩效研究述评》，《财经界》2012年第12期。

［86］李巍：《中小板上市公司管理者视角下的并购动因与并购绩效研究》，硕士学位论文，广东工业大学，2011年。

［87］李伟：《企业并购支付方式的选择与风险规避》，《商业会计》2012年第5期。

［88］李昕昱：《跨国并购对我国的负面效应研究》，硕士学位论文，东北财经大学，2007年。

［89］李延强：《国有企业内部人控制与解决对策探讨》，《科技信息》2012年第28期。

［90］李映东：《公司治理、并购与绩效研究》，博士学位论文，西南财经大学，2007年。

［91］李占猛：《上市公司并购的政策和趋势》，申银万国证券研究所，2002年。

［92］李哲、何佳：《国有上市公司的上市模式、并购类型与绩效》，《世界经济》2007年第9期。

［93］梁英、梁喜农：《产品市场竞争程度、控股股东性质与公司治理绩效》，《当代经济研究》2012年第12期。

［94］廖军祥：《企业并购之风险分析及其行业选择》，《商业会计》

2003 年第 3 期。

[95] 林红:《上市公司内部人控制问题的成因及其治理——基于"国美控制权之争"的案例分析》,《福建行政学院学报》2014 年第 5 期。

[96] 潘炜:《我国上市公司并购绩效实证分析》,硕士学位论文,复旦大学,2009 年。

[97] 林耀南:《股权集中度、公司制衡与公司绩效相关性研究——以零售业上市公司为例》,硕士学位论文,杭州电子科技大学,2010 年。

[98] 刘春、李善民、孙亮:《独立董事具有咨询功能吗?——异地独董在异地并购中功能的经验研究》,《管理世界》2015 年第 3 期。

[99] 刘琳:《国有资产运营公司经营管理模式分析》,硕士学位论文,山东大学,2012 年。

[100] 刘晓纯、纪海荣:《投资性房地产之公允价值计量模式》,《现代经济信息》2015 年第 5 期。

[101] 刘学、庄乾志:《公司并购的风险分析》,《经济论坛》1998 年第 18 期。

[102] 刘沿林:《财务会计》,高等教育出版社 2004 年版。

[103] 芦文静:《中国上市公司治理评价系统研究》,硕士学位论文,吉林大学,2007 年。

[104] 陆嵘、王辉:《建立多层次股权激励机制,推进实施国有企业人力资本股权化》,《东华大学学报》(社会科学版)2013 年第 4 期。

[105] 骆家龙、崔咏梅、张秋生:《企业并购内部控制与风险管理》,大连出版社 2009 年版。

[106] 吕秋芳:《公司债务重组中的盈余管理与治理研究》,《企业导报》2012 年第 7 期。

[107] 马相东:《混合所有制经济是基本经济制度的重要实现形

式——访中国社会科学院学部委员张卓元研究员》，《新视野》2014 年。

[108] 马忠、刘宇：《企业多元化经营受政府干预、企业资源的影响》，《中国软科学》2010 年第 1 期。

[109] 毛道维、任佩瑜：《基于管理熵和管理耗散的企业制度再造的理论框架》，《管理世界》2005 年第 2 期。

[110] 孟祥霞、王金圣：《企业竞争力衰退的财务识别探析》，《经济纵横》2008 年第 3 期。

[111] 闵乐、马刚：《国有资本的运营公司与投资公司有何不同?》，《现代国企研究》2014 年第 5 期。

[112] 宁宏义：《河北钢铁股份有限公司利润模式研究》，硕士学位论文，燕山大学，2010 年。

[113] 潘红波、夏新平、余明桂：《政府干预、政治关联与地方国有企业并购》，《经济研究》2008 年第 4 期。

[114] 钱军：《对企业并购动机的经济学分析》，《理论探索》2005 年第 4 期。

[115] 秦广辉：《家族企业高管团队与企业绩效关系研究》，硕士学位论文，首都经济贸易大学，2012 年。

[116] 秦河：《内部控制质量与代理成本相关性研究——基于沪市 2009 年上市公司的经验证据》，硕士学位论文，西南财经大学，2011 年。

[117] 任晓飞：《我国高速成长型上市公司融资结构问题研究》，硕士学位论文，兰州理工大学，2010 年。

[118] 桑百川：《中国要不要参与跨国并购》，《开放导报》2001 年第 2 期。

[119] 邵新建、巫和懋、肖立晟、杨骏、薛熠：《中国企业跨国并购的战略目标与经营绩效：基于 A 股市场的评价》，《世界经济》2012 年第 5 期。

[120] 施东晖：《中国上市公司治理水平及其对绩效影响的实证研

究》,《世界经济》2003 年第 9 期。

[121] 宋华岭、刘全顺、刘丽娟等:《管理熵理论——企业组织管理系统复杂性评价的新尺度》,《管理科学学报》2013 年第 3 期。

[122] 宋夏云、韩坚:《企业并购财务风险的识别及控制对策》,《对外经贸财会》2006 年第 7 期。

[123] 孙世攀、赵息、李胜楠:《股权控制、债务容量与支付方式——来自我国企业并购的证据》,《会计研究》2013 年第 4 期。

[124] 孙韦:《当前中国国有企业改革和可持续发展的现实选择》,硕士学位论文,安徽大学,2005 年。

[125] 谭云清、朱荣林:《产品市场竞争、代理成本及代理效率:一个经验分析》,《上海管理科学》2007 年第 4 期。

[126] 汤正需:《国有公司"内部人控制"问题研究》,硕士学位论文,湖南师范大学,2013 年。

[127] 唐兵、田留文、曹锦周:《企业并购如何创造价值——基于东航和上航并购重组案例研究》,《管理世界》2012 年第 11 期。

[128] 唐建新、陈冬:《地区投资者保护、企业性质与异地并购的协同效应》,《管理世界》2010 年第 8 期。

[129] 唐清泉、罗党论、王莉:《大股东隧道挖掘与制衡力量》,《中国会计评论》2005 年第 6 期。

[130] 田满文:《中国上市公司并购的效率评价与制度优化研究》,博士学位论文,东北大学,2009 年。

[131] 田甜铭梓:《中国上市公司控股股东行为法律规制的有效性及其影响因素》,博士学位论文,华东师范大学,2013 年。

[132] 涂永红:《民营上市公司股权结构与企业绩效关系的实证研究》,硕士学位论文,江西财经大学,2010 年。

[133] 万良勇、郑小玲:《董事网络的结构特征与公司并购》,《会

计研究》2014 年第 5 期。

[134] 王大陆：《企业并购风险因素分析及其防范》，硕士学位论文，哈尔滨理工大学，2004 年。

[135] 王德武：《中国上市公司治理的有效性评价研究》，博士学位论文，辽宁大学，2007 年。

[136] 王凤荣、苗妙：《税收竞争、区域环境与资本跨区流动——基于企业异地并购视角的实证研究》，《经济研究》2015 年第 2 期。

[137] 王海兵、伍中信、李文君、田冠军：《企业内部控制的人本解读与框架重构》，《会计研究》2011 年第 7 期。

[138] 王宏利：《企业并购绩效与目标公司选择研究》，博士学位论文，吉林大学，2004 年。

[139] 王宏瑜：《我国上市公司并购绩效的研究》，硕士学位论文，安徽农业大学，2011 年。

[140] 王建星：《现代企业制度下财务管理问题探讨》，《财会月刊》1998 年第 7 期。

[141] 王竞达、瞿卫菁：《创业板公司并购价值评估问题研究——基于我国 2010 年、2011 年创业板公司并购数据分析》，《会计研究》2012 年第 10 期。

[142] 王连娟、龙成凤、田旭：《民营企业并购实务与案例》，中国人民大学出版社 2007 年版。

[143] 王乔、章卫东：《股权结构、股权再融资行为与绩效》，《会计研究》2005 年第 9 期。

[144] 王世权：《监事会治理的有效性研究》，中国人民大学出版社 2011 年版。

[145] 王晓：《我国上市公司并购支付方式的影响因素研究》，硕士学位论文，华南理工大学，2011 年。

[146] 王晓松：《浅谈耗散结构理论》，《天津职业院校联合学报》2012 年第 11 期。

[147] 王艳、阚铄：《企业文化与并购绩效》，《管理世界》2014 年
第 11 期。

[148] 王跃武：《论财务主体的一元性与财权主体的多元性》，《财
会月刊》2005 年第 10 期。

[149] 魏琴、何永西：《试论股权集中度对公司绩效的影响》，《商
场现代化》2008 年第 8 期。

[150] 吴玲、任佩瑜、陈维政、贺红梅：《管理系统中的熵理论及
利益相关者框架下企业综合绩效的熵值评估法》，《软科学》
2004 年第 1 期。

[151] 吴向恩：《中国企业并购的发展研究》，《北京商学院学报》
2001 年第 3 期。

[152] 吴晓璐：《高科技企业公司治理评价研究》，硕士学位论文，
安徽大学，2013 年。

[153] 伍娟：《行业视角下盈余预测模型：统计模型 & 灰色预测模
型》，硕士学位论文，重庆工商大学，2011 年。

[154] 伍硕频：《后续资产重组动因的实证研究》，硕士学位论文，
湖南大学，2008 年。

[155] 武立东：《上市公司控股股东行为效应评价与指数分析》，
《管理科学》2006 年第 5 期。

[156] 肖松：《中小投资者法律保护与公司价值——来自中国上市
公司的经验研究》，《经济科学》2010 年第 2 期。

[157] 谢亚涛：《企业并购的绩效分析》，《会计研究》2003 年第
12 期。

[158] 《习近平首次系统阐述"新常态"》，新华网，http：//news.
xinhuanet. com/politics/2014 – 11/10/c_ 127195118. htm，2014 –
11 –10/2015 –01 –21。

[159] 徐菲菲：《交叉上市对公司代理成本的影响研究》，硕士学位
论文，西南财经大学，2012 年。

[160] 徐泓：《解读财务报告》，中国人民大学出版社 2012 年版。

［161］闫等旗：《股权分置改革前后上市公司治理与企业绩效关系的实证研究》，硕士学位论文，暨南大学，2014 年。

［162］杨道广、张传财、陈汉文：《内部控制、并购整合能力与并购业绩——来自我国上市公司的经验证据》，《审计研究》2014 年第 3 期。

［163］杨国伟：《债务重组会计核算的探讨》，《商业会计》2011 年第 12 期。

［164］杨建仁、王伟：《公司并购重组绩效研究》，《管理科学文摘》2006 年第 12 期。

［165］杨君伟：《动态的财务主体观》，《财会月刊》2002 年第 9 期。

［166］杨涛：《小浪底水利枢纽建设管理局管理体制研究》，硕士学位论文，河海大学，2007 年。

［167］杨忠智：《企业海外并购及海外子公司内部控制研究》，厦门大学出版社 2010 年版。

［168］叶勇、黄雷：《终极控制股东、控制权溢价和公司治理研究》，《管理科学》2004 年第 10 期。

［169］尤毅：《完善无锡国有资产管理体制的路径选择》，《经济师》2015 年第 1 期。

［170］余亮：《融资约束、代理成本与股利政策治理效应》，博士学位论文，华南理工大学，2013 年。

［171］余燕妮：《企业并购绩效及影响因素的实证分析》，博士学位论文，吉林大学，2012 年。

［172］张波：《产业周期、并购类型与并购绩效的实证研究》，硕士学位论文，对外经济贸易大学，2006 年。

［173］张桂铭：《企业并购风险及其防范》，《山东经济》2002 年第 6 期。

［174］张秋生、周琳：《企业并购协同效应的研究与发展》，《会计研究》2003 年第 6 期。

［175］张沈伟、邱静：《家电大佬并购消化期》，《商界（评论）》2010 年第 7 期。

［176］张涛：《山西煤炭企业并购重组中人力资本整合研究》，硕士学位论文，太原理工大学，2011 年。

［177］张铁根：《多寡头条件下企业并购动因研究》，硕士学位论文，江南大学，2009 年。

［178］张文明：《浅析耗散结构理论与教学》，《金卡工程》2011 年第 5 期。

［179］张新：《并购重组是否创造价值？——中国证券市场的理论与实证研究》，《经济研究》2003 年第 6 期。

［180］张瑜：《基于企业生命周期和绩效与薪酬相关性的薪酬策略研究》，硕士学位论文，华北电力大学，2011 年。

［181］张远堂：《公司并购实务操作》，中国法制出版社 2011 年版。

［182］张忠军：《上市公司法律制度》，法律出版社 2000 年版。

［183］赵玲玲：《国资分层："中国式淡马锡"如何因地制宜?》，《中国企业报》2013 年 12 月 24 日。

［184］赵倩：《主成分分析法在工业企业经济效益中的应用》，《内蒙古科技与经济》2013 年第 22 期。

［185］赵孝卫：《公司购并的风险与防范》，《新疆农垦经济》2003 年第 6 期。

［186］郑海英、刘正阳、冯卫东：《并购商誉能提升公司业绩吗？——来自 A 股上市公司的经验证据》，《会计研究》2014 年第 3 期。

［187］曾繁荣、王有梅：《债务重组中以应税消费品抵债的会计核算》，《财会月刊》2011 年第 7 期。

［188］曾建光、伍利娜、谌家兰、王立彦：《XBRL、代理成本与绩效水平——基于中国开放式基金市场的证据》，《会计研究》2013 年第 11 期。

［189］曾庆生、张莹、张梦夕：《股权分置改革提高了公司资产重

组的绩效吗？——基于重大资产重组的财富效应视角》，《会计与经济研究》2014 年第 6 期。

[190] 曾昭灶、李善民、陈玉罡：《我国控制权转移与投资者保护关系的实证研究》，《管理学报》2012 年第 7 期。

[191] 钟骏华、魏銎瑶：《高校新校区建设融资模式及其风险分析》，《合作经济与科技》2015 年第 4 期。

[192] 周鹏举：《我国企业并购的特点与风险》，《财经科学》2000 年第 6 期。

[193] 周绍妮、文海涛：《基于产业演进、并购动机的并购绩效评价体系研究》，《会计研究》2013 年第 6 期。

[194] 周士元：《我国上市公司并购绩效评价及其影响因素研究》，博士学位论文，河南大学，2012 年。

[195] 周小春、李善民：《并购价值创造的影响因素研究》，《管理世界》2008 年第 5 期。

[196] 周友苏：《公司法学理与判例研究》，法律出版社 2008 年版。

[197] 朱宝宪：《公司并购与重组》，清华大学出版社 2006 年版。

[198] 朱春艳：《企业并购中的财务风险问题探讨》，《中国高新技术企业》2007 年第 15 期。

[199] 邹捷：《企业并购的财务风险分析与防范》，《当代经济》2006 年第 8 期。

[200] 邹晓勇：《浅析公司绩效的评估方法》，《当代经济》2013 年第 18 期。

[201] A. Yu Ryapolov, "Strategic Corporate Development in the Context of Mergers and Acquisitions" (Case Study of Kursk Oblast), *Studies on Russian Economic Development*, No. 5, 2011, p. 339.

[202] Arnab Nayak, "Comparing Domestic and Cross – Border Mergers and Acquisitions in the Pharmaceutical Industry", *Atlantic Economic Journal*, No. 12, 2015, pp. 489 – 499.

[203] Balkin, D. B., Markman, G. D., "Is CEO Pay in High Tech-

nology Firms Re – lated to Innovation?", *Academy of Management Journal*, No. 43, 2000, pp. 1118 – 1129.

[204] Beck, T. , A. Demirgtif – Kunt, R. Levine, "Law and Firms' Access to Finance", *Working Paper*, *World Bank*, 2004.

[205] Beeht, M. , P. Bolton and A. Roell, "Corporate Governance and Control", *Working Paper*, *ECGI Finance* No. 2, 2002.

[206] Berglof, E. &Claessens, S. , "Enforcement and Good Corporate Governance in Developing Countries and Transition Economies", *The World Bank Research Observer*, Vol. 1, No. 21, 2006, pp. 123 – 135.

[207] Blair, " Ownership and Control: Rethinking Corporate Governance for the 21 Century", *Washington the Brookings Institution*, 1995.

[208] Bruner, R. , "An Analysis of Value Destruction and Recovery in the Alliance and Proposed Merger of Volvo and Renault", *Journal of Financial Economics*, Vol. 1, No. 11, 2003, pp. 125 – 166.

[209] Chickene Sheila Dempsey, "Targeted M and A Performance: Post – Acquisition Process and Organizational Integration", *University of Maryland*, 2013.

[210] Claessens, Stijn, and Joseph P. H. Fan, "Corporate Governance in Asia: A Survey", *International Review of Finance*, Vol. 3, No. 2, 2002, pp. 71 – 103.

[211] Demsetz Kenneth, "The Structure of Corporate Ownership: Causes and Consequences" *Journal of Political Economy*, No. 6, 1985, pp. 101 – 104.

[212] Denis D. J. , Osobov I. , "Why do Firms pay Dividends? International Evidence on the Determinants of Dividend Policy", *Journal of Financial Economics*, Vol. 89, No. 1, 2008, pp. 62 – 82.

[213] Dirk Burghardt, Marco. Helm, "Firm Growth in the Course of

Mergers and Acquisitions", *Small Business Economics*, No. 4, 2015, pp. 889 – 894.

[214] Dirk Schiereck, "Performance of bank Mergers and Acquisitions: A Review of the Recent Empirical Evidence", *Management Review Quarterly*, No. 2, 2014, pp. 39 – 71.

[215] Dirk. Schiereck, "The Long – term Success of M&A in the Automotive Supply Industry: Determinants of Capital Market Performance", *Journal of Economics and Finance*, No. 1, 2010, pp. 61 – 88.

[216] El – Boukhary, "Ahmed Mohamed. The Impact of Motive Archetypes on Mergers and Acquisitions Performance", *University of Warwick (United Kingdom)*, 2011.

[217] Eloquin John, "An Investigative Case Study of Human Capital in Mergers and Acquisitions", *Walden University*, 2011.

[218] Faceio M. and L. H. P. Lang, "The Ultimate Ownership of Western European corPorations", *Joumal of Financial Economics*, No. 65, 2002, pp. 365 – 395.

[219] Gort M. , "An Economic disturbance Theory of Mergers", *Quarterly Journal of Economics*, No. 83, 1969, pp. 624 – 642.

[220] Harris, "Jeremiah R. Merger and Acquisition Incentives: Returns and impacts", *Purdue University*, 2014.

[221] Hartand Moore · J. , "Property Rights and the Nature of the Firm", *Journal of Political Economy*, No. 6, 1998, pp. 34 – 36.

[222] Holmen, Martin, John D. Knopf, "Minority Shareholder Protections and the Private Benefits of Control for Swedish Mergers", *Journal of Financial and Quantitative Analysis*, No. 39, 2004, pp. 167 – 191.

[223] Konstan – Pines, Jonathan, "Investigating How Similarity Between Parent and Target Organization Is Related to Financial Per-

formance in Mergers and Acquisitions", *The Chicago School of Professional Psychology*, 2014.

[224] La Ports, "Corporate Ownership around the World", *Journal of Finance*, Vol. 54, No. 2, 1999, pp. 98 – 100.

[225] Lars Oxelheim and Tomd Randoy, "The Impact of Foreign Board Membership on Firm Value", *Journal of Finance*, No. 27, 2003, pp. 2369 – 2392.

[226] Markus Schief, "Mergers and Acquisitions in the Software Industry", *Business & Information Systems Engineering*, No. 10, 2013, pp. 421 – 431.

[227] Maury B. , Pajuste A. , "Multiple Large Shareholders and Firm Value", *Journal of Banking and Finance*, Vol. 7, No. 29, 2005, pp. 1813 – 1834.

[228] Mc Connell, John and Henri Servaes, "Additional Evidence on Equity Ownership and Corporate Value", *Journal of Financial Economics*, No. 27, 1990, pp. 39 – 43.

[229] Murphy A. and K. Topyan, "Corporate Governance: A Critical Survey of Key Concepts. Issues, and Recent Reforms in the US", *Employee Responsibilities and Rights Journal*, Vol. 17, No. 2, 2005, pp. 75 – 89.

[230] Myers Stewart, "Outside Equity", *Joural of Finance*, No. 3, 2000, pp. 1005 – 1037.

[231] Nenova Tatiana, "The Value of Corporate Voting Rights and Control: A cross – Country Analysis", *Journal of Financial Economics*, Vol. 68, No. 3, 2003, pp. 325 – 357 .

[232] Ning Zhang, "The Effects of Anticipated Future Investments on firm value: Evidence from Mergers and Acquisitions", *Review of Accounting Studies*, No. 2, 2016, pp. 1 – 5.

[233] Nyamikeh Mensah, Isaac C. , "The Impact of Prior Strategic Alli-

ance between an Acquirer and a Target on Mergers and Acquisitions Performance", *Capella University*, 2013.

[234] P. K. Jain, "Mergers and Acquisitions Performance System: Integrated Framework for Strategy Formulation and Execution Using Flexible Strategy Game – Card", *Global Journal of Flexible Systems Management*, No. 3, 2012, pp. 41 – 56.

[235] Philippe Debroux, "Japanese Mergers and acquisitions: Overcoming Obstacles to Improved Systemic efficiency", *Northeast Asian Economic Development*, No. 9, 1996, pp. 244 – 256.

[236] Rahman Mahabubur, "Creating or Destroying Value through Mergers and Acquisitions: A Marketing Perspective", *University College Dublin (Ireland)*, 2015.

[237] Riehard Sehoenberg, Riehard Reeves, "What Determines Acquisition on Activity Within an industry", *European Management Jounal*, Vol. 17, No. 1, 1999, pp. 36 – 39.

[238] Siegel Jordan, "Is There a Better Commitment Mechanism than Cross – listings for Emerging – economy Firms? Evidence from Mexico", *Journal of International Business Studies*, Vol. 40, No. 4, 2009, pp. 1171 – 1191.

[239] Smith Johnnie J., "Cultural Alignment Impact on the Performance of Mergers and Acquisitions: A study of Organization in the Pharmaceutical Industry", *Capella University*, 2013.

[240] Stultz R. M., "Managerial Discretion and Optimal Financing Policies, *Journal of Financial Economics*, No. 26, 1990, pp. 111 – 133.

[241] Surendra S. Yadav, P. K. Jain, "Impact of Corporate Governance Score on Abnormal Returns and Financial Performance of Mergers and Acquisitions", Decision, No. 12, 2014, pp. 371 – 398.

[242] Surendra S. Yadav, P. K. Jain, "The Impact of Domestic Mergers and Acquisitions on Acquirer Shareholders' Wealth in India.

Original Article", *Global Journal of Flexible Systems Manage-ment*, No. 12, 2012, pp. 179 – 193.

[243] Svetlana, Grigorieva, "The Performance of Mergers and Acquisi-tions in Emerging Capital Markets: New Angle", *Journal of Man-agement Control*, No. 10, 2015, pp. 377 – 385.

[244] Walid. Ben – Amar, Samir. Saadi, "Family firms and high tech-nology Mergers & Acquisitions", *Journal of Management & Gov-ernance*, No. 2, 2014, pp. 129 – 158.

[245] Wang Dewu, Jiang Guoqing, JIang Shuo," Studies on TOP Ex-ecutive Performance Evaluation System of Chinese Listed Compa-nies", *Journal of Harbin Institute of Technology*, No. 6, 2004, pp. 102 – 108.

[246] Wangerin Daniel D. M&A Due Diligence, "Post – acquisition Ac-counting Information, and Financial Consequences", *The Univer-sity of Wisconsin*, 2011.

[247] Wesley W. Wilson, "Industry Costs and Consolidation: Efficiency gains and mergers in the U. S. railroad industry", *Review of In-dustrial Organization*, No. 3, 2007, pp. 81 – 105.

[248] Zhu Jing, "Impact of Mergers and Acquisitions on Supply Chain Performance", *McGill University*, 2012.

后 记

希望本书的出版可以为进一步规范我国资本市场，提高我国资本市场的效率，并为今后的并购活动提供一定的参考；可以为各级政府决策部门提供一定的决策参考；为经济与管理领域（尤其是企业管理、公司治理、投资与并购、财务管理等专业领域）的从业人员、学术研究者、各高校经济与管理专业的教师和学生的研究与学习提供参考；为研究者和实务操作者制定具体的对策建议提供参考。

本书是在本人博士毕业论文的基础上出版的。四川大学干胜道教授对本书给予了指导与支持；广西民族大学管理学院各位领导同事给予了我莫大的帮助；本书得到了2015年广西本科高校特色优势专业建设项目（人力资源管理专业）经费资助；感谢广西财经学院教务处谭顺平老师对本书所做的数据收集处理与实证分析；为本书问世，中国社会科学出版社的编辑付出了很多努力，在此一并对他们表示衷心的感谢！

由于本人水平有限，本书难免有疏漏和不当之处，望批评指正！

李田香

2017 年 8 月 16 日